旅游景区旅游解说系统评价研究

郭剑英　著

合肥工業大學出版社

图书在版编目(CIP)数据

旅游景区旅游解说系统评价研究/郭剑英著. —合肥:合肥工业大学出版社,2011.9

ISBN 978-7-5650-0592-3

Ⅰ.①旅… Ⅱ.①郭… Ⅲ.①旅游点—导游—研究—中国 Ⅳ.①F592.6

中国版本图书馆 CIP 数据核字(2011)第 197855 号

旅游景区旅游解说系统评价研究

郭剑英 著　　责任编辑 朱移山 霍俊檣 郭娟娟

出 版	合肥工业大学出版社	版 次	2011 年 9 月第 1 版
地 址	合肥市屯溪路 193 号	印 次	2011 年 9 月第 1 次印刷
邮 编	230009	开 本	710 毫米×1010 毫米 1/16
电 话	总编室:0551-2903038	印 张	10.25
	发行部:0551-2903198	字 数	162 千字
网 址	www.hfutpress.com.cn	印 刷	中国科学技术大学印刷厂
E-mail	hfutpress@163.com	发 行	全国新华书店

ISBN 978-7-5650-0592-3　　定价:35.00 元

摘　要

解说是一种服务，更是一种管理沟通，是旅游景区的一种重要管理工具，已得到世界范围内的广泛关注。然而，相对于国外对解说的研究层面和研究领域，我国对解说的研究与管理都比较欠缺，为改变目前旅游景区旅游解说落后的现状，加深旅游解说研究的深度，本研究尝试性地运用管理学比较成熟的研究理论和方法构建旅游景区旅游解说系统评价指标体系，以期为我国旅游景区的可持续稳定发展提供有价值的科学指导。

本研究以旅游学、系统学、管理学理论为指导，利用主观评价和客观评价相结合的方法，建立旅游景区旅游解说系统评价模型。选取具有代表性的南京中山陵景区、南京总统府景区、南京玄武湖景区以及南京中山植物园景区的解说系统进行综合评价，结合游客对解说系统评价的影响因素分析，针对景区解说系统存在的问题提出一些改善性建议。

本书的主要工作及特色：

（1）构建了旅游景区旅游解说系统评价指标体系五框架模型。将旅游景区旅游解说系统分为“解说员、解说设施、解说信息、景区管理和解说受众”五个准则层，采用德尔菲法确定了良好的解说技巧、使用方便等24个指标。

（2）建立了旅游景区旅游解说系统评估模型。运用层次分析法（AHP）确定了旅游解说系统评价指标体系中目标、准则和指标的权重，采用多目标线性加权函数法首次建立了旅游景区旅游解说系统评价模型，并将旅游景区旅游解说系统的评价标准划分为重建、提升、达标和优秀四个等级。

(3) 运用旅游景区旅游解说系统评价模型对南京中山陵景区、总统府景区、玄武湖景区和中山植物园景区进行了实证分析，结果表明南京中山陵景区、总统府景区、玄武湖景区的解说系统均达标，南京中山植物园解说系统需进一步提升。

关键词： 旅游景区；解说系统；评价；层次分析法；多元回归分析

Abstract

Tourism interpretation has received worldwide attention since it is not only a kind of service, but also a management communication tool. However, compared with the related research in other countries, little attention has been paid to tourism interpretation in China. To improve tourism interpretation system in scenic areas and related research work, this study attempts to apply theories and methods from management and system science to set up a scenic tourism interpretation evaluation system, which can be helpful for tourism sustainable development.

The scenic tourism interpretation evaluation system is established by using subjective evaluation and objective assessment methods in the frame of tourism, system and management theories. Nanjing Zhong-shan mausoleum scenic spot, the Presidential Palace in Nanjing, Nanjing Xuan-wu Lake and Nanjing botanical gardens are selected as case study sites. Scenic interpretation system of these scenic areas has been evaluated based on visitors' interviews, improvement suggestions have been provided for current problems of tourism interpretation system in these scenic areas.

This dissertation includes the following points:

First, constructing a scenic tourism interpretation evaluation index system, which is a five-factor-model. The scenic tourism interpretation system is divided into five guidelines layer, namely guides, interpretation facilities, interpretation information, resort management and the visitor, using the Delphi method to determine 24 indicators such as having a good interpretation skill, convenience.

Second, establishing the scenic tourism interpretation system assessment model. The weights of evaluation index system objectives, criteria and indicators are determined by using the analytic hierarchy process (AHP). Scenic tourism interpretation system evaluation model is established by using multi-objective linear weighted function method. Four grades of the scenic tourism interpretation system evaluation are formed, namely reconstruction, upgrading, reaching standard and excellence.

Third, empirical research has been made in Nanjing Zhong-shan mausoleum scenic area, the Presidential Palace Resort, Xuan-wu Lake scenic area and the Zhong-shan garden area: it indicates the tourism interpretation systems in Nanjing Zhong-shan mausoleum scenic area, the Presidential Palace Resort, Xuan-wu Lake scenic area are up to the standard , but the system in Nanjing Zhong-shan botanical is needed to be further promoted.

Keywords: Scenic area; interpretation system; evaluation; analytic; multiple regression analysis

目　录

第1章　导　论 …………………………………………………… (001)

1.1　研究背景 …………………………………………………… (001)

1.1.1　旅游业越来越受到关注 ……………………………… (001)

1.1.2　旅游活动越来越普及 ………………………………… (002)

1.1.3　旅游者越来越依赖旅游解说 ………………………… (003)

1.1.4　解说系统成为目的地管理新手段 …………………… (004)

1.2　研究意义 …………………………………………………… (004)

1.2.1　理论意义 ……………………………………………… (005)

1.2.2　实践意义 ……………………………………………… (006)

1.3　国内外相关研究概况 ……………………………………… (007)

1.3.1　旅游景区研究状况 …………………………………… (007)

1.3.2　旅游解说研究概况 …………………………………… (007)

1.3.3　旅游解说系统评价研究 ……………………………… (009)

1.3.4　研究分析与展望 ……………………………………… (009)

1.4　研究目标与研究对象 ……………………………………… (010)

1.4.1　研究目标 ……………………………………………… (010)

1.4.2　研究对象 ……………………………………………… (010)

1.4.3　数据采用说明 ………………………………………… (011)

1.5　研究内容与结构安排 ……………………………………… (012)

1.5.1　研究内容 ……………………………………………… (012)

1.5.2　结构安排 ……………………………………………… (012)

1.6 研究方法与研究技术路线 …… (013)
1.6.1 研究方法 …… (013)
1.6.2 研究技术路线 …… (014)

第2章 旅游景区旅游解说系统研究的理论基础 …… (016)

2.1 相关概念 …… (016)
2.1.1 旅游景区 …… (016)
2.1.2 旅游解说 …… (017)
2.1.3 旅游解说系统 …… (018)
2.1.4 旅游景区旅游解说系统 …… (019)
2.2 旅游解说系统的理论基础 …… (019)
2.2.1 系统学理论 …… (019)
2.2.2 传播学理论 …… (020)
2.2.3 行为学理论 …… (021)
2.2.4 旅游心理学理论 …… (022)
2.2.5 游客管理理论 …… (024)
2.2.6 游客满意理论 …… (024)
2.2.7 可持续旅游理论 …… (025)

第3章 旅游景区旅游解说系统功能及构成分析 …… (026)

3.1 旅游景区旅游解说系统的功能 …… (026)
3.1.1 服务功能 …… (026)
3.1.2 教育功能 …… (026)
3.1.3 使用功能 …… (027)
3.1.4 审美功能 …… (027)
3.1.5 保护功能 …… (028)
3.2 旅游景区旅游解说系统的构建原则 …… (028)
3.2.1 以人为本 …… (028)
3.2.2 以游客为中心 …… (029)

3.2.3 以和谐为原则 …… (029)

3.2.4 以“双赢”为目的 …… (029)

3.2.5 以景观本体性为准 …… (029)

3.3 旅游景区解说系统的类型 …… (030)

3.3.1 向导式解说系统 …… (031)

3.3.2 自导式解说系统 …… (031)

3.4 旅游景区解说系统的构成要素 …… (031)

3.4.1 解说员 …… (033)

3.4.2 解说设施 …… (034)

3.4.3 解说信息 …… (036)

3.4.4 景区管理 …… (037)

3.4.5 解说受众 …… (038)

第4章 旅游景区旅游解说系统评价模型构建 …… (041)

4.1 旅游景区解说系统评价指标建立原则 …… (041)

4.2 旅游景区解说系统评价指标的提出 …… (042)

4.3 旅游景区解说系统评价指标的筛选 …… (045)

4.3.1 运用德尔菲法进行第一轮专家咨询 …… (045)

4.3.2 运用德尔菲法进行第二轮专家咨询 …… (048)

4.3.3 运用德尔菲法进行第三轮专家咨询 …… (052)

4.4 旅游景区旅游解说系统评价指标权重确定 …… (056)

4.4.1 专家咨询 …… (056)

4.4.2 数据分析 …… (057)

4.4.3 计算组合权向量并作组合一致性检验 …… (059)

4.5 旅游景区旅游解说系统评价模型的建立 …… (061)

4.5.1 指标的量化及标准化处理 …… (061)

4.5.2 旅游景区旅游解说系统评价模型建立 …… (063)

4.5.3 旅游景区旅游解说系统评价等级的确定 …… (063)

第 5 章　旅游景区旅游解说系统评价模型的应用研究 …………（064）

5.1　研究对象 …………（064）
5.2　研究目的和意义 …………（065）
5.3　方法与步骤 …………（065）
5.4　旅游景区解说系统现状分析 …………（066）
5.4.1　向导式解说系统 …………（066）
5.4.2　自导式解说系统 …………（066）
5.5　专家评定 …………（068）
5.5.1　游客中心 …………（069）
5.5.2　景区网站 …………（070）
5.5.3　员工培训与管理 …………（071）
5.5.4　解说系统的及时更新 …………（071）
5.5.5　专家评分 …………（071）
5.6　游客打分 …………（072）
5.6.1　问卷设计 …………（072）
5.6.2　样本与抽样方法 …………（072）
5.6.3　景区调研 …………（073）
5.6.4　游客评分 …………（074）
5.7　评估结果 …………（075）
5.7.1　评估得分 …………（075）
5.7.2　结果分析 …………（076）
5.8　本章小结 …………（077）

第 6 章　游客对解说系统评价的影响因素分析 …………（078）

6.1　研究目的和意义 …………（078）
6.2　研究方法 …………（078）
6.3　样本特征 …………（079）
6.3.1　人口统计学特征 …………（079）

6.3.2 游客的参观特征 …………………………………………… (083)
6.4 回归分析 ………………………………………………………… (087)
6.5 本章小结 ………………………………………………………… (091)

第7章 旅游景区旅游解说系统的优化与改善 ………………… (093)

7.1 提升解说员的从业素养 ……………………………………… (093)
7.1.1 加强专业知识的培训 ………………………………… (093)
7.1.2 开展个性化旅游解说 ………………………………… (094)
7.1.3 提倡景区解说专业化 ………………………………… (094)
7.2 重视解说设施的实际应用 …………………………………… (095)
7.2.1 强调人性化设计 ……………………………………… (095)
7.2.2 增强环境保护功能 …………………………………… (095)
7.2.3 增设音像解说设施 …………………………………… (096)
7.2.4 强调与环境相协调 …………………………………… (096)
7.3 强化解说信息的使用价值 …………………………………… (097)
7.3.1 彰显景观文化价值 …………………………………… (097)
7.3.2 内在文化外向化 ……………………………………… (097)
7.3.3 提升解说信息吸引力 ………………………………… (097)
7.4 规范景区解说系统的管理 …………………………………… (098)
7.4.1 建立专门管理机构 …………………………………… (098)
7.4.2 合理编排解说内容 …………………………………… (099)
7.4.3 重视游客服务中心 …………………………………… (099)
7.4.4 加强景区网站开发 …………………………………… (100)
7.5 增进解说受众的旅游体验 …………………………………… (101)
7.5.1 激发游客对解说的理解 ……………………………… (101)
7.5.2 提高游客对解说的参与 ……………………………… (101)
7.5.3 建立景区游客感知系统 ……………………………… (102)

第8章　结论与展望 ……………………………………………………… (103)

8.1　主要工作结论 ………………………………………………… (103)
8.2　主要创新点 …………………………………………………… (106)
8.3　研究展望 ……………………………………………………… (107)
8.3.1　本研究的不足之处 ………………………………………… (107)
8.3.2　进一步研究的展望 ………………………………………… (107)

附　录 ……………………………………………………………………… (109)

一、专家意见征询表（第一轮） ……………………………………… (109)
二、专家意见征询表（第二轮） ……………………………………… (113)
三、专家意见征询表（第三轮） ……………………………………… (116)
四、专家意见咨询表（AHP） ………………………………………… (119)
五、判断矩阵 ……………………………………………………………… (123)
六、景区调查表 …………………………………………………………… (125)
表1　旅游景区旅游解说系统现状调查 ……………………………… (125)
表2　旅游景区标识牌统计表 ………………………………………… (126)
表3　南京中山陵景区旅游解说系统评价问卷 ……………………… (129)
表4　南京总统府景区旅游解说系统评价问卷 ……………………… (132)
表5　南京玄武湖景区旅游解说系统评价问卷 ……………………… (135)
表6　南京中山植物园景区旅游解说系统评价问卷 ………………… (138)

参考文献 …………………………………………………………………… (141)

第1章 导 论

1.1 研究背景

1.1.1 旅游业越来越受到关注

世界旅游业诞生于19世纪中叶，经过一个半世纪的发展，在20世纪90年代初期就超过钢铁、汽车、石化等行业，成为世界经济的第一大产业，被全球公认为世界经济中的产业之星。进入21世纪，全球入境过夜旅游年均增长4%以上，国际旅游收入年均增长8%以上，高于全球经济增长率1～3个百分点。世界旅游组织报告指出，包括中国在内的亚太地区旅游业在全球发展最快，中国入境旅游平均增速高于全球3～5个百分点[1]，旅游业所展示的广阔前景正受到越来越多国家和地区的重视。

中国旅游业发展虽起步较晚，但发展速度举世瞩目。1978年中国国际旅游接待人数(180万人)仅为世界的0.7%，居世界41位；2009年接待海外旅游者达到1.26亿人次，增长69.0倍，年均增幅达14.6%，高出同期世界旅游同类指标11个百分点；1978年中国国际旅游创汇(2.6亿美元)仅占全球的0.038%，居世界第47位；2009年增至396.75亿美元，增长151.6倍，年均增幅达到17.6%，高出同期世界旅游同类指标10个百分点。2009年，中国公民出国(境)人数达4765.63万人次，比上年增长4.0%，成为亚洲地区令人瞩目的新兴客源输出大国。2009年中国国内旅游人数达到19.02亿人次，成为世界上数量最大、增速最快、潜力最强的国内旅游市场[2]。据预测，到2020年，中国将成为世界第一大旅游目的地国和第四大客源输出国[3]。

随着中国旅游业的蓬勃发展，其综合性、关联性很强的特点表现得越来越充分，在带动相关行业发展，扩大国内需求，增强经济活力，提高人民生活质量等方面发挥了日益重要的作用。国家统计局依照世界旅游组织推荐的旅游卫星账户统计方法，2004 年首次通过核算表明，旅游业增加值已占中国 GDP 的 4.05%，在中国服务业中举足轻重。从 2000 年至 2008 年，中国旅游业总收入年均增长 12.5%，成为国民经济和现代服务业的重要产业[4]。

1.1.2 旅游活动越来越普及

自二战以后，大众旅游兴起，旅游度假已成为人们现代生活的必要组成部分。据统计，英国平均每年度假外出 3 ~ 4 次的人约占全国人口的 55%，近几年英国每年出国旅游的人次近乎达到全国人口的半数。在法国，平均每年度假外出 3 ~ 4 次的人约占全国人口的 45%，在瑞典，这种比例已达到 75%。中国改革开放以来，参加旅游活动的人数每年均以 10% ~ 20% 的比例增长[5]。

随着社会经济的发展，现代旅游业的产生，休闲观念的转变，带薪休假这一理念得到进一步普及。1936 年法国率先推行带薪休假制度，1948 年 12 月，联合国大会通过的《世界人权宣言》第二十四条提出：人人享受休息和闲暇的权利，包括工作时间有合理限制和定期带薪休假的权利。1980 年《马尼拉世界旅游宣言》提出职工享有带薪休假的权利，使旅游从富人活动转变为一种广泛与社会、经济生活相联系的活动。1985 年世界旅游组织通过的《旅游权利法案》第二条规定，各国应建立和改善年度带薪休假制度和调开休假日期[6]。中国从 1995 年开始实行每周五天工作制，1999 年起实施“五一”、“十一”、春节三个黄金周长假日，国家法定假日全年为 114 天，并于 2008 年 1 月在全国正式实行带薪休假制度。

根据 2009 中国统计年鉴，2009 年中国城市居民的可支配收入为 17175 元，农村居民人均纯收入为 5176.9 元，中国城乡居民总出游率达到 122%，人均出游 1.4 次，可见，伴随着国家经济的发展和居民收入的持续增长，旅游消费已由少数高收入人群的生活方式和消费方式，逐步变成大众的生活方式和消费热点。中国居民的出游率仍将会继续快速增长，旅游业整个市场需求的质量和数量都将出现一个很大的发展。

1.1.3 旅游者越来越依赖旅游解说

旅游是人们满足了基本生理需求和物质需求之后追求的更高更新的精神需求,讲究的是旅游者的一种愉悦、快乐的经历,因此,旅游者在活动中会主动追求参与互动,从而获得舒畅而独特的感受。21 世纪,人类迈向全新的知识经济时代。旅游者有较高的自身修养和知识素养,对旅游的认识发生了转变,不再简单地把旅游看成是一种游山玩水的娱乐,而把其作为学习知识和提高自己素养的一种有效途径。消费时,越来越多的旅游者会注意旅游的主题和深度,注重产品文化内涵,突出知识性,旅游中会越来越依赖旅游解说。

旅游业的变化是由市场决定的,而市场的变化往往又取决于消费者的需求,世界旅游正在发生"从以目的地为中心向以游客为中心"的转变[7]。近年,随着私有轿车陆续进入中国百姓家庭,自驾车旅游也开始成为中国城镇居民的爱好,2006 年春节,北京、天津、苏州、成都和三亚等一些大中城市的信息显示,自驾车出游已经占了短途旅游的 2/3 分量。2008 年中国实行新的假期制度后,使得清明、端午等节日自驾游市场进一步向城镇周边地区扩散,目前不少旅行社已经开始了面向自驾车旅游的自选式"菜单"服务。

虽然全面个性化的旅游时代还没有到来,但是个性化的趋势已经越来越显现。目前在北京、上海等大城市,旅行社的团队旅游已开展"五自旅游"业务,即:旅游者"自己组团、自定时间、自定线路、自定日程、自定标准",即使旅游者不是自己组团,一些同路人也相约一起要求旅行社部分调整原来的行程"套路",这种所谓 DIY 式的自点菜单的旅游消费,在未来的国内旅游业务中还有进一步蔓延的可能,而旅游景区解说系统则是保证自助旅游者 DIY 式的旅游消费体验质量的关键。

旅游景区解说系统通过第一手的实物、人工模型、景观及现场资料向游客介绍目的地的旅游信息、景区信息,可以帮助游客了解目的地相关信息,顺利完成旅游活动,并达到教育和服务游客的功能。如景区游客中心、各类指示标牌向游客提供服务方面的信息,使游客在游览过程中得到安全、方便和愉悦的感受;并通过文化信息的传递,反映景区的历史文脉,满足游客的求知需求。

1.1.4 解说系统成为目的地管理新手段

旅游目的地，是旅游接待的载体，是吸引旅游者在此作短暂停留、参观游览的地方，也是旅游活动中最重要和最有生命力的部分。生活方式的改变，旅游形式的多样化、旅游内涵的丰富，给旅游发展带来了冲击和挑战。在全球一体化的背景下，如何引导旅游活动在满足可持续发展的需求下，和谐、平等、有序、健康的发展，已引起人们的广泛关注。旅游业经过几十年的发展给中国带来了巨大利益，但也对当地的社会、文化等方面产生了诸多负面影响。资源的过度使用破坏了当地的自然人文环境，旅游目的地能否可持续发展成为了一个严峻的现实问题。随着带薪休假制度的落实和航空业规模优势的形成，旅游市场竞争不仅体现在饭店之间、旅行社之间、景区景点之间的行业竞争，已升级为旅游目的地之间的竞争。

旅游需求的变化导致人们对目的地内涵与外延认识的不断调整，目的地的管理重点也随之发生变化。目前普遍采用的管理措施主要包括对游客进行分流疏导、提高门票价格、限制游客人数、关闭部分景区等措施，实现对游客的管理和引导，从而达到对旅游目的地进行保护的目的。然而，现代旅游业的发展改变了人们的旅游方式，游客在旅游活动中逐步占据主动地位，游客的关注重点，会从景区产品品质上升为全程旅游体验。旅游者在旅游中常常需要有助于理解景点、景区环境和行为的信息，在这种情况下，旅游目的地只有以客户为导向，跟踪研究游客的实际需求，并根据游客的需求改进旅游产品，才能产生实际效益，而解说系统正是传递这种信息的一种重要手段。

1.2 研究意义

解说既是一种服务，更是一种管理沟通，是旅游景区实施游客管理的重要手段。旅游解说是一个由多要素构成的具有特定功能和结构的系统[8]。旅游解说系统作为旅游者与景区之间的媒介，是提升游客旅游体验质量的必备手段。一个完整的解说系统不仅可以给旅游者提供服务方面的信息，还能帮助旅游者深刻理解旅游区旅游资源的科学价值和艺术价值，加强旅游资源和设施的保护，使旅游者、社区居民、旅游管理者相互交流，达成相互间的理解和支持，实现旅游目的地的良好运行。

在我国目前的旅游景区中，解说不被人们普遍接受，加之缺乏高质量的旅游解说服务，游客管理与旅游解说相互独立，旅游者只能处于被动管理的地位解说。随着新兴旅游方式不断增加与游憩活动的深入展开，人们不仅对活动的参与性增强，而且渴望在旅游中进行娱乐并获取知识。因此，旅游解说系统的研究不仅具有一定的理论意义，而且具有一定的实践应用价值。

1.2.1 理论意义

旅游是指人们出于移民和就业之外的其他目的，离开自己的常住地而外出的旅行和在外逗留活动，具有异地性、暂时性和综合性等特点[9]。旅游活动中，人们离开他们惯常的生活环境来到一个陌生的地方，必须借助各种实物、模型、景观、实物资料以及影像资料等解说媒体，全方位地获取信息，满足对新环境、新事物的认识问题。作为沟通人类和环境的重要手段，随着休闲活动的逐渐普及，人们活动空间的拓宽，解说服务也受到了前所未有的重视和推广。

近年来，随着旅游规划、景区管理、城市规划等学科的发展，旅游解说系统的研究开始受到学者的重视。西方高等教育体系中也对解说科学十分重视，设有专门的解说专业，还有相当系统、规范的学术文献资料。相比之下，我国国内对解说系统的研究尚处于起步阶段，旅游解说系统研究还停留在表象化阶段，人们缺乏对旅游解说系统的全面认识与理解，存在概念应用混乱、缺少理论研究基础等问题。尽管近几年研究旅游解说的明显多起来，但要改变旅游解说系统落后的现状，必须加大对旅游解说的研究力度，提高解说在旅游学科中的地位。

目前，旅游解说研究引用的理论主要集中在社会行为学、环境教育学、环境心理学、人文地理学等领域，解说的基础理论已经基本建立。本研究的宗旨是在全面了解国内旅游景区旅游解说系统研究的基础上，努力探讨一种适合中国国情的旅游景区旅游解说系统，并尝试将管理学比较成熟的研究理论和方法引入到旅游解说的研究中，构建旅游景区旅游解说系统评价指标体系，进一步深化旅游解说研究的深度，为我国旅游景区的可持续稳定发展提供有价值的科学指导。

1.2.2 实践意义

1.2.2.1 改善景区游览环境

旅游景区旅游解说系统的构建,可以提高旅游环境和各类景观要素的可识别性,强化景区内各景点设施的联系,帮助旅游者较深入地欣赏旅游区的资源价值,明确旅游景区与周围地区的关系,增进游客对自然生态、历史遗址与文化资源的了解,启发游客对该地区的认同感,使旅游者在接触和享受旅游区资源的同时,既能做到不对资源或设施造成过度利用或破坏,同时也鼓励旅游者与可能的破坏、损坏行为作斗争,进而减少对当地环境的破坏,达到改善游览环境的目的。

1.2.2.2 提高游客满意度

进入21世纪,游客和旅游地双方都参与了实现旅游意义的创造,游客的角色由被动变为主动,游客成为旅游活动中一个重要的要素。很多针对游客而设计的主题公园,如文化主题园、童话主题园、冒险主题园和怀旧主题园等的设计,都强调满足人的主动性和参与性[10]。旅游景区旅游解说系统以简单的、多样的方式给旅游者提供服务方面的信息,可以充分展示旅游景区旅游资源的魅力特征,帮助游客对旅游景点获得知晓、欣赏与了解的能力,鼓励游客参加旅游景区适当的管理、建设、再造等活动,提高与旅游景区有关的游憩技能,并使他们的游憩体验丰富化与趣味化,达到提高游客满意度的目的。

1.2.2.3 实现旅游目的地的良好运作

旅游解说作为旅游景区可持续发展的一种管理方式,承担连接景区资源、游客、社区居民和管理者之间桥梁的重任。对游客而言,通过解说系统,可以加深对旅游目的地自然资源与社会文化的理解与欣赏,达到走进自然、享受自然与融入自然的目的,达到认识社会变迁、理解不同文化、感悟地方特色的目的;对旅游地而言,通过解说系统,可以影响公众的态度与行为,引导游客享受休闲生活,提高旅游体验质量,增强自我行为管理。不仅让人们尊重地方的自然性、历史性与文化性,同时还会加强旅游者和社会公众对旅游目的地各项管理工作与管理政策的理解与支持,加强游客对旅游目的地保护区管理的管理理念和管理办法的认知与理解。可见旅游景区旅游解说系统的构建可以为旅游者、社区居民、旅游管理者提供了一种对话的途径,促进三者之间的相互交流,加深人们之间的相互了解,方便管理者与游客的沟通和相互理解,以实现旅游目的地的良好运行。

综上所述,旅游景区旅游解说系统的研究不仅可以提高解说在旅游学科中的地位,深化旅游解说研究,同时还具有有效保护资源与环境、最大限度提高游客满意度、实现旅游目的地可持续发展的现实指导意义。

1.3 国内外相关研究概况

1.3.1 旅游景区研究状况

传统上,旅游景区是一个俗称,也是一个总称,指以景观为主要吸引物的旅游活动场所,包括风景名胜区、自然保护区、森林公园、地质公园、文物保护单位等[11]。旅游景区作为旅游产业发展的核心要素和主要的旅游吸引物,在推进旅游业蓬勃发展的势头中发挥了排头兵的作用,在全面发展的进程中,也得到了学术界的热情关注和积极参与。截至目前(2009-09-27),中国期刊全文数据库搜到以“旅游景区”为篇名的文章959篇,以“旅游景区”为题名的优秀硕士论文115篇,博士论文6篇,其中,旅游景区的环境容量问题(杨飙,2004)[12]、生命周期问题(刘年丰,2005)[13]、产权问题(郑向敏,2005)[14]、体制与机制创新(蒋海萍,2009)[15]以及旅游景区的可持续发展问题(韩国圣,2008)[16]已经成为旅游研究领域的热点和重点。但由于旅游景区体系类型、功能性质、管理体制、权属关系的多样化和复杂性,以及旅游行业对景区管理的网络、手段不健全,旅游景区经营发展信息不全面等多方面的原因,使得我国旅游景区研究严重滞后于景区开发建设的实践需求。

1.3.2 旅游解说研究概况

据记载,专业旅游解说(interpretation/guide)至少可以追溯到公元前460年,那时几乎每个城镇都有熟悉当地情况的向导,为旅游者带路并负责翻译工作。进入19世纪,出现了世界上第一个组织团体旅游的解说者——Thomas Cook,为解说注入了新的意义与内涵,也为游客的旅行增添了乐趣与方便,1888年,Enos Mills在美国落基山地区担当自然导游时,成为第一个国家公园解说者。1957 年，Freeman Tilden 出版了《解说我们的遗产》(Interpreting Our Heritage)一书，使具有现代意义的解说理论和实践达到了新的层面与高度[17]。

但是，解说作为公园管理、提高游客旅游体验以及环境教育的重要工具与途径，长期以来并没有引起人们的广泛关注。笔者在中国学术期刊网以“关键词”为检索条件，以 2003—2009 年为时间期限(检索时间为 2009 年 9 月)，输入“旅游解说”进行检索只搜到 141 篇(一定期刊范围内)，优秀硕士论文 11 篇，博士论文 1 篇。其中意义深远的研究文献有：

2003 年，吴必虎[18]等在《地理科学进展》发表的“国内外环境解说研究综述”，由于当时国内的研究很少(当时通过中国期刊网搜索 1994 年到 2003 年之间的解说类论文有 286 篇，但是与环境解说相关的只有 2 篇)，因此文中国外部分重于国内部分。在阐述环境解说及其研究的起源、环境解说的定义后，分析了国外解说的框架与功能、解说受众以及解说员与游客之间沟通过程等研究内容，提出了我国在环境解说研究方面的相关建议。本篇综述引导了国内研究领域对“解说”的重视，也让国内更多的学者开始涉入“解说”的研究领域；2006 年，钟永德，罗芬[19]通过中国期刊网搜索 1994 年到 2005 年底，国内发表有关旅游解说系统的文章上升为 20 篇(16 篇为 2003 年后出版)；2008 年，张明珠[20]等通过中国期刊网补充了截至 2007 年国内发表的有关解说类论文有 685 篇，其中旅游解说类有 41 篇，环境解说 6 篇，博物馆解说 2 篇，解说专业课程类 2 篇，大部分为 2005 年以后涌现的，可见目前我国旅游解说研究虽然数量较少，但前景可观并正处于快速发展时期，受到越来越多学者的关注。

综合国内外解说相关文献可以发现：国外旅游解说研究主要内容有解说的历史(Ham，2002)[21]、解说的概念、解说的目的和功能、解说系统构成(Elisabeth，2003)[22]、解说媒介等，研究的重点包括解说有效性(Katherine，2003)[23]、游客分类、游客解说满意度(Shiuh-Nan Hwang，2005)[24]等，研究方法采用定性与定量相结合，主要包括成本效益分析(Veverka，1997)[25]、旅行费用法(Cable，1984)[26]、旅游前后独立样本分析(Olson，1983)[27]等，强化了解说研究的深度，解说研究成果丰富，研究理论涉及社会行为学、环境教育学、环境心理学、人文地理学、管理学等领域，而目前国内旅游解说研究正处于起步阶段，在解说系统的有效性、游客解说满意度、旅游解说系统规划和实践应用方面都有待加强，尤其是将其他学科比较成熟的研究理论和方法引入到旅游解说的研究中，为我国旅游景区的可持续发展提供有实践价值的科学指导。

1.3.3 旅游解说系统评价研究

旅游解说是一个由多要素构成的具有特定功能和结构的系统，对解说系统的评价研究国外学者主要集中在对解说员（Chris & Keith）[28]、解说效果（Katherine）[29]、解说项目的有效性（Elizabeth & Mark）[30]、解说体验（Doug & Elizabeth）[31]、解说媒介（Jacobson & Marynowski）[32]等方面进行评价的，研究成果颇多且有一定的深度，相比较而言，国内大多数的文献则主要集中在解说系统的案例研究，以中文期刊网检索到的文章为例，2004—2009年平均每年都有两三篇关于旅游解说系统案例的评价研究，如对杭州梅家坞茶文化村（崔会平，2010）[33]、桂林旅游景区（钟泓，2008）[34]、平遥古城（刘改芳，2008）[35]、周庄古镇（罗燕，2008）[36]、太白山国家森林公园（丁素平，2008）[37]等旅游景区旅游解说系统进行评价研究，多采用问卷调查的方法对解说系统的现状进行分析，研究总体处于初级阶段，研究广度与深度与国外也存在较大差距，尤其是解说系统评价模型的研究相对较少，可见对旅游景区旅游解说系统评价指标体系的分析与评价具有重要的理论价值和实践意义。

1.3.4 研究分析与展望

通过总结已有研究的成果发现，虽然学者们在旅游景区、旅游解说以及旅游解说系统等方面，已做了一些有意义的研究工作，无论在实践还是理论上都取得了一定的研究进展，但是，旅游景区旅游解说系统的理论研究仍很薄弱，一定程度影响了对问题分析和研究的角度和深度。仔细研读后，笔者发现，国外对旅游解说系统的研究涉及心理学、行为学、教育学等学科知识，虽有了一定成果，但是有些研究结果具有很强的主观性、臆断性，这就为我们继续从事这方面的研究留下了广阔的空间，因此，将其他学科比较成熟的研究理论和方法引入到旅游解说系统的研究中无疑是比较重要的。

首先，中国旅游景区的大规模开发，是在市场需求及经济利益的驱动下应运发展的，成为景区发展最为核心的问题，这就涉及资源稀缺和选择问题，显然可用经济学的方法进行研究。其次，旅游解说服务的对象，涉及各种类型的旅游区和多个行政管理部门，由于跨时间、跨空间、跨领域、跨学科的原因，需要建立相应的解说系统，提供必要的解说服务，提高顾客或使用者的满意者，以更好地实现场地或设施的社会经济文化效用。因此，进行科学全面的解说系统研究应成为我们重视的工作。最后，在国内外现有的解说系统研究成果中，对解说系统有效性与实用性的评价研究还寥若晨星，这为论文的研究提出了挑战。因此，作者试图通过写作本文的机会，以南京中山陵景区、南京总统府景区、南京玄武湖景区和南京中山植物园的旅游解说系统分析与评价为范例，寻求一种行之有效，具有较强操作性与实用性的旅游解说系统的检验与反馈体系。与此同时抛砖引玉，期望更多的专业研究人员关注旅游景区旅游解说系统，为我国旅游目的地的可持续发展提供有价值的指导。

1.4 研究目标与研究对象

1.4.1 研究目标

国内对于旅游景区旅游解说系统评价的研究处在起步阶段，相关的研究成果尚不多见。本文的研究目标主要是：

(1)系统总结国外旅游解说系统理论研究和实证研究的进展，为国内学者开展旅游解说系统研究提供理论基础和模型构建的经验借鉴。

(2)从理论上归纳旅游解说系统的功能及构成要素，科学梳理各要素之间的关系，构建旅游景区旅游解说系统评价指标体系和评估模型，为旅游景区的经营提供可借鉴和参考的分析工具。

(3)以南京中山陵、南京总统府、南京玄武湖景区以及南京中山植物园为例，对评估模型的应用进行实证研究，提出改善景区管理策略，为促进旅游景区可持续发展，增强景区经营者保持长期的生存和不断地获取营利能力，提高旅游景区经营者的管理水平提供指导。

1.4.2 研究对象

根据旅游景区的内容和表现形式的不同，本研究将分别选取国家5A级景区南京中山陵(历史建筑)、4A 级景区南京总统府(博物馆)、南京玄武湖(公园),南京中山植物园(植物园)四个具有不同代表性的旅游景区进行旅游解说系统评价。各景区情况简介如下:

中山陵位于江苏省南京市东郊钟山风景名胜区内,是中国近代伟大的政治家、伟大的革命先行者、国父孙中山先生的陵墓,整个建筑群依山势而建,主要建筑牌坊、墓道、陵门、石阶、碑亭、祭堂和墓室等由南往北沿中轴线逐渐升高,体现了中国传统建筑风格,为我国首批 5A 级景区。

南京总统府位于南京长江路 292 号,是中国最大的近代史博物馆,已有 600 多年的历史,2001 年国务院公布的第五批全国重点文物保护单位,在国内外享有广泛的知名度和良好的声誉,是一个集科学研究、文物保存、科普教育与旅游为一体的综合性博物馆。

南京玄武湖位于南京城北,占地面积 472 公顷,其中水面 368 公顷,陆地 104 公顷,是南京国家级钟山风景区的重要组成部分,国家 4A 级旅游区。景区内分布着各具特色的环洲、樱洲、菱洲、梁洲、翠洲等五块绿洲,五洲之间,桥堤相通,处处有山有水,终年景色如画,是古都南京名胜古迹的荟萃之地,是南京最大的综合性文化娱乐休息公园。

南京中山植物园坐落于南京东郊的国家级钟山风景区内,占地 186 公顷,是中国最早加入“国际自然和自然资源保护联盟”的植物园,拥有 10 个专类园(区)、70 万份馆藏标本;保存植物 3000 种以上;园中气候温和、植被茂盛、融山、水、城、林于一体,秀色天成,风光旖旎,既是一个独具魅力的旅游胜地,又是一个奥妙无穷的植物王国,每年接待国内外参观游览者 30 万人次以上。

1.4.3 数据采用说明

本研究采用的数据资料主要源于以下几个途径:

(1)统计数据:部分数据来自相关年份的《旅游统计年鉴》、《中国经济信息网》、《中国统计年鉴》以及中华人民共和国国家旅游局的年报和公开披露的信息等。

(2)二手资料:本研究将引入历史文献、前人案例研究的相关数据资料作为有关实证分析的佐证。

(3)实地调查:南京中山陵、南京总统府、南京玄武湖以及南京中山植物园等景区实地调查，发放游客问卷的形式进行数据采集、统计分析。

(4)专家意见：本研究采用专家访谈、匿名评判、问卷打分等方式对相关研究进行取证。

1.5 研究内容与结构安排

1.5.1 研究内容

论文的研究内容主要包括以下几个方面：

(1)国内外研究的现状和动态。通过广泛查阅文献，掌握国内外学者关于旅游解说研究的最新进展，并重点了解旅游解说系统评价的理论和实证研究的最新动向。

(2)建立旅游解说系统评价指标体系。采用德尔菲法(Delphi)，筛选旅游景区解说系统评价指标，通过专家咨询，采用层次分析法(AHP)确定各项指标的权重。

(3)构建旅游解说系统评价模型。参照相关国家标准，根据专家咨询和景区实地调查的结果，建立旅游景区旅游解说系统评价标准，采用多目标线性加权函数法建立旅游景区旅游解说系统评估模型。

(4)旅游解说系统评价模型的应用研究。以南京中山陵景区、南京总统府景区、南京玄武湖景区、南京中山植物园景区为例，运用旅游景区旅游解说系统评价指标和评价模型进行实证评价研究。

(5)游客对解说系统评价的影响因素分析。结合游客对旅游景区解说系统评价的调研问卷，对影响游客评价的因素进行分析，以期为旅游景区旅游解说系统的优化和改善提供科学的依据。

(6)旅游景区解说系统的优化与改善。结合景区的实际调查，全面分析旅游景区解说系统现存的问题，并对旅游景区旅游解说系统的良性发展提出科学可行的对策建议。

1.5.2 结构安排

本研究以旅游景区旅游解说系统为研究对象，以旅游解说系统的构成和评价为研究内容，以构建旅游景区旅游解说系统指标评价模型为主要研究目标而展开，全文的篇章结构安排如下：

第 1 章，导论。主要提出旅游景区旅游解说系统研究的目的和意义，阐述国内外研究概况，明确本文的研究目的、方法、内容和结构安排等。

第 2 章，相关理论基础与概念辨识。主要阐述相关理论基础，并对旅游景区、旅游解说、旅游解说系统等进行概念辨识。

第 3 章，旅游解说系统的功能及构成分析。通过分析旅游解说系统的构成要素，依据解说系统构建的原则，探讨旅游解说系统的构建方法，为实证研究提供理论分析框架。

第 4 章，旅游解说系统评价模型构建。明确旅游解说系统评价的内涵，运用德尔菲法设计旅游解说系统指标体系，运用层次分析法筛选评价指标体系，确定指标权重，构建旅游解说系统评价模型。

第 5 章，旅游景区旅游解说系统评价实证研究。运用旅游解说系统的评价模型对南京中山陵、南京总统府、南京中玄武湖、南京中山植物园旅游解说系统进行实证评价研究。

第 6 章，游客对解说系统评价的影响因素分析。运用多元统计方法，对游客的样本特征进行分析，同时选择多元回归分析，找出影响游客对解说指标评价的因素。

第 7 章，旅游景区旅游解说系统的优化与改善。结合景区实际调查和实证评价的结果，对旅游景区旅游解说系统现状及利用情况进行分析，在此基础上，探寻提升景区管理水平，提高游客体验质量，促进旅游景区可持续发展的战略路径。

第 8 章，总结与展望。归纳总结本研究的主要研究成果，分析本文的创新点，明确今后需要进一步研究的问题。

1.6 研究方法与研究技术路线

1.6.1 研究方法

本文主要的研究方法有：

(1)实证研究与规范研究相结合。通过文献检索，对国内外相关研究文献进行较为细致的归纳、演绎等分析工作，为本文的实证研究打下坚实的理论基础。同时在实地调查和资料分析的基础上，运用大量数据和调研结果，以统计数据和图表等形式，增加研究结论的可信度与科学性。

(2)实地调查法。本文采用观察法、访问法和问卷调查等实地调查方法，通过问卷调查和实地考察获取南京中山陵、南京总统府、南京玄武湖以及南京中山植物园四个景区旅游解说系统的基本情况，对游客的基本情况、解说系统印象、解说服务情况等解说现状进行了解。通过对景区管理人员的访谈，收集景区在旅游解说方面的最佳实践。

(3)德尔菲法。即函询调查法，通过查阅大量的文献，设计出旅游景区旅游解说系统评价指标，用通信的方式请社会学、旅游管理、景区规划、生态学等方面的专家按李克特量表（等级划分法）对指标的重要程度进行评价，然后把他们答复的意见进行综合，再反馈给他们，如此反复多次，直到认为合适的意见为止，得出影响旅游景区旅游解说系统评价指标。

(4)APH 分析法。根据德尔菲法得出的旅游景区旅游解说系统评价指标，请专家就各项指标的重要程度进行判断，分主题、分层次对指标进行两两比较并打分，应用 Matlab7.0 软件确定旅游解说系统评价指标的权重，采用多目标线性加权函数法建立旅游景区旅游解说系统评估模型。

(5)多元回归分析法。本研究各选取 4 个不同类型的景区的调研数据进行回归分析，通过对不同评价指标的回归分析，找出影响游客对解说系统评价的因素，从而为景区解说系统的改进提供科学依据，并在此基础上总结出旅游景区旅游解说系统发展对策和建议。

1.6.2 研究技术路线

本研究的技术路线如图 1－1：

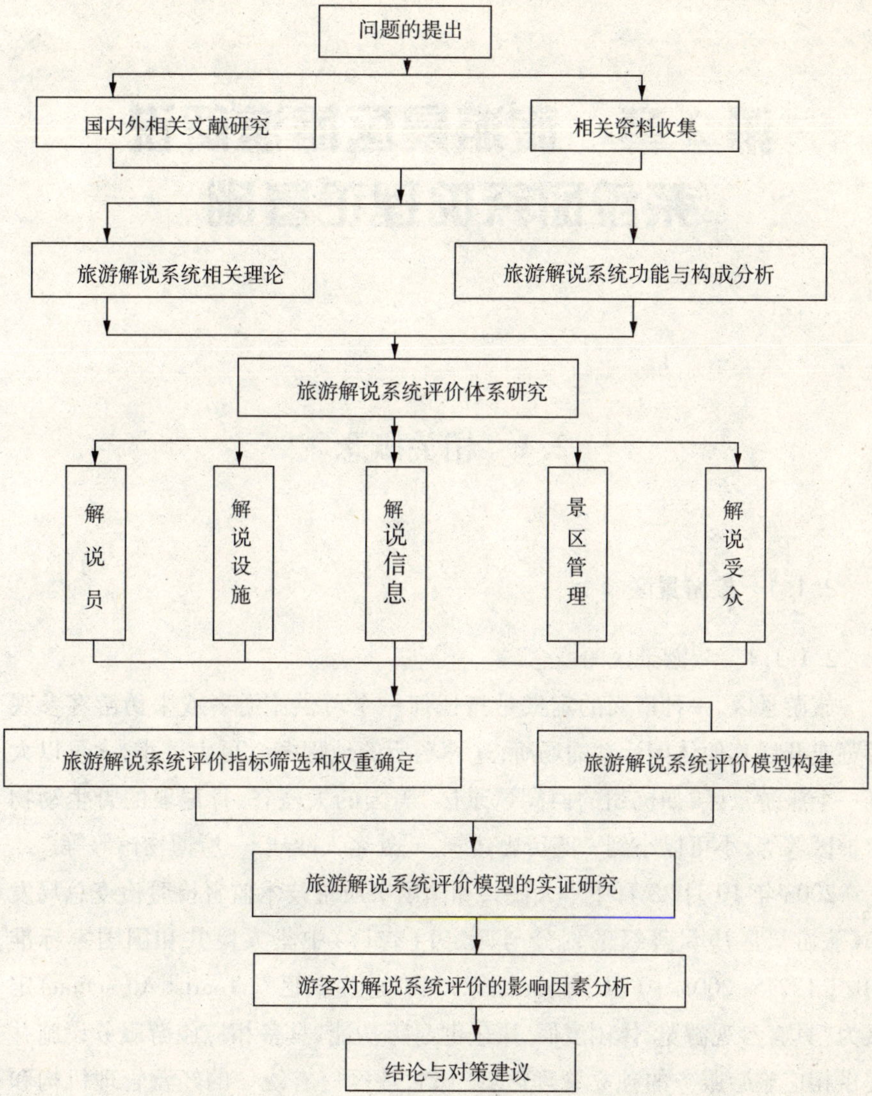
问题的提出
国内外相关文献研究
相关资料收集
旅游解说系统相关理论
旅游解说系统功能与构成分析
旅游解说系统评价体系研究
解说员
解说设施
解说信息
景区管理
解说受众
旅游解说系统评价指标筛选和权重确定
旅游解说系统评价模型构建
旅游解说系统评价模型的实证研究
游客对解说系统评价的影响因素分析
结论与对策建议

图 1-1　研究的技术路线

第2章　旅游景区旅游解说系统研究的理论基础

2.1　相关概念

2.1.1　旅游景区

2.1.1.1　旅游景区的概念

旅游景区,一种广义的定义是指任何一个可供旅游者或来访游客参观游览或开展其他休闲活动的场所,这种场所的地理概念可大可小,大可以大到一个旅游景区,如杭州的西湖风景区、美国的大峡谷、肯尼亚的野生动物保护区等等,小可以小到一座历史建筑、一处名人故居、一所博物馆等等。

2003年10月28日中华人民共和国国家质量技术监督检验检疫总局发布《旅游景区质量等级的划分与评定》(修订)中华人民共和国国家标准GB/T 17775-2003中(以下简称国标),将"旅游景区"(Tourist Attraction)定义为"具有参观游览、休闲度假、康乐健身等功能,具备相应旅游服务设施并提供相应旅游服务的独立管理区"。该管理区应有统一的经营管理机构和明确的地域范围。包括风景区、文博院馆、寺庙观堂、旅游度假区、自然保护区、主题公园、森林公园、地质公园、游乐园、动物园、植物园及工业、农业、经贸、科教、军事、体育、文化艺术等各类旅游景区。

介于上述旅游景区的概念范围过于宽泛,本研究比较认同国际旅游学术界的定义:旅游景区是指"专为来访公众参观、游乐和增长知识而设立和管理的长久性休闲活动场所"[38]。该定义表明旅游景区是用来供游人开展各类休闲活动、长期拥有的固定场址,且能够对游人出入行使有效的控制与管理。

2.1.1.2　旅游景区的分类

旅游景区的类别多样,许多学者对旅游景区进行了分类。因研究角度和采取的标准不同,出现了多种分类结果。按景区设立性质的不同,旅游景区可分为纯商业性旅游景点和公益性旅游景点;按旅游景点依赖的吸引物的形成因素将旅游景区分为自然旅游景点和人文旅游景点;按展示内容的丰富程度,旅游景区可分为单一性旅游景区和集合性旅游景区;按景区内容和表现形式,旅游景区可划分古代遗迹、历史建筑、博物馆、美术馆、公园和花园、野生动物园、主题公园和早期产业旧址等。为使研究结果具有较强的代表性,研究价值得到较广泛的推广,本研究将根据旅游景区的内容和表现形式,选取历史建筑、博物馆、公园和花园等具有代表性的旅游景区进行实证研究。

2.1.2　旅游解说

2.1.2.1　解说的定义

关于解说的定义,不同的学者理解的着重点不同,有认为解说是一种交流过程的,有认为解说是一种艺术,强调其启发功能的,也有认为解说是一种教育活动,强调其教育作用的。目前,世界上广泛认同的是1975年Freeman Tilden在《解说我们的遗产》(Interpreting Our Heritage)一书阐述的定义,认为"解说是一种教育活动,其旨在通过原始事物,凭借游客的亲身经历,借助于各种演示媒体,来揭示当地景物的意义及其相互关系,而非传达一些事实"[39]。

2.1.2.2　旅游解说的定义

大众旅游的普及极大地推动了解说的发展,旅游解说作为解说的一种,被广泛地应用于旅游活动中,以帮助游客在旅游中获得旅游信息,理解旅游景观。对旅游解说的概念界定,吴忠宏、吴必虎分别从旅游因素和旅游角度出发对其进行了阐述[40],在此综合前人[41]的观点,结合实践将旅游解说定义为:运用某种媒体和表达方式,使旅游相关信息传递并到达信息接受者中间,帮助其了解相关旅游目的地事物的性质和特点,并达到服务、教育、使用等基本功能。

2.1.2.3　旅游解说的分类

目前对旅游解说的分类,在学术界和实际工作中,因研究角度和采取的标准不同,出现了多种分类结果。从旅游解说资源的不同,将其可分为区域环境解说、旅游吸引物解说、旅游设施解说和旅游管理解说[42];从游客使用解说的角度,旅游解说可分为景区内的解说服务、景区交通工具上的解说、各种广告媒体的解说[43];从旅游解说的服务范围,可分为园外解说与园内解说;从解说形态,旅游解说又可分为物质解说与虚拟解说[44]等等。本研究认同的是:从为旅游者提供信息服务的方式,将旅游解说分为人员解说和非人员解说,人员解说包括一般性解说、专题解说和咨询服务等,而非人员解说又分为游客中心、标识牌、解说手册、语音解说、多媒体解说等。

2.1.3 旅游解说系统

对旅游解说系统的概念界定,旅游界也有很多不同的定义:

世界旅游组织阐释解说系统是旅游目的地诸要素中十分重要的组成部分,是旅游目的地的教育功能、服务功能、使用功能得以发挥的必要基础,是管理者管理游客的手段之一[45]。

吴必虎等[46]认为旅游解说系统就是运用某种媒体和表达方式,使旅游相关信息传播并到达信息接受者中间,帮助信息接收者了解相关旅游目的地的性质和特点,并达到服务、教育、使用的基本功能。

丁素平[47]认为旅游解说系统是包括解说对象、解说方式、解说内容、解说受众及解说组织等要素在内的一个系统,在解说组织的指挥和协调下,运用一些解说方式对解说对象进行解说,使旅游的相关信息传播并到达解说受众中间,帮助解说受众了解相关事物的性质和特点,并达到服务、教育、使用和保护的基本功能的目的。

骈丽军[48]认为旅游解说系统是由旅游解说资源、旅游解说媒介、旅游解说受众各要素组成的一个相互作用、相辅相成的有机整体,该系统的主要目标是帮助旅游者了解旅游目的地资源的性质和特点,达到服务、教育、使用等基本功能,从而增强游客体验和满意度。

可见,旅游解说系统,它是一个完整的系统,是借助不同的传播媒体将旅游地的人文历史资源、自然地理资源、风土人情、服务设施及道路交通等旅游相关信息传播给游客,帮助游客了解相关旅游目的地的性质和特点的同时,有意识引导旅游者的行为,达到服务、教育和使用的基本功能。

在此综合各位学者的观点,本研究认为:旅游解说系统是由解说对象、解说媒体、解说受众、解说方式等因素组成的一个相互作用、相辅相成的有机整体，以增强游客体验和满意度为目标，运用一定的解说媒体和解说方式，把目的地的相关信息传播给游客，在提供服务的同时，达到教育、启迪与管理的作用。旅游目的地借助于旅游解说系统，可以对旅游者的游览行为和意识进行引导和监督，从而实现资源、游客、社区和管理部门之间的相互交流。

2.1.4　旅游景区旅游解说系统

综合上述旅游解说系统的概念，本研究认为旅游景区旅游解说系统是由解说员、解说设施、解说信息、景区管理、解说受众等因素组成的一个相互作用、相辅相成的有机整体，以增强游客体验和满意度为目标，运用各种科学合理的解说媒体和解说方式，向旅游者传递旅游景区旅游资源的价值，帮助其了解旅游景区进行休闲娱乐时所接触的事物或现象所代表的意义，并对旅游者的游览行为和意识进行引导和监督，在保护的前提下达到教育、启迪与管理的作用，从而促进旅游景区的可持续发展。

2.2　旅游解说系统的理论基础

2.2.1　系统学理论

系统学是研究系统结构与功能（包括演化、协同和控制）一般规律的科学。系统思想最初是由加拿大籍奥地利生物学家贝塔朗菲于上个世纪40年代提出，后经许多科学家发展完善逐渐形成一门科学。主要思想有：(1)整体性思想。要求在对任何一个对象进行管理时，都要把它当做一个整体去看待，把系统的组成部分看成是这个整体的有机组合的要素，重视发挥系统的整体功能和整体效益。从整体上去观察问题、考虑问题，在注意局部时还要注意各局部之间的有机联系，但总体不等于局部之和，这是系统中最核心的思想。(2)有序性思想。系统由较低级的结构向较高级的结构发展，即为有序在对某一对象进行管理时，要合理安排系统中各要素的秩序，使它们密切而协调的配合，形成统一的功能。(3)相关性思想。系统论认为，系统内各要素的存在都依赖于其他要素的存在，当某个要素发生变化时，其他要素也会随之变化，从而引起整个系统的变化。(4)动态性思想。系统论认为，任何系统都有一个组建、形成、发展和变化的过程，具有动态的性质。系统这种变化发展的动态性，使各个系统能充分发挥"自己运动"的功能，达到最优的目的。因此，应该注意随时收集各要素信息，经常反馈、调整，有效地实现对系统的动态管理。(5)开放性思想。系统论认为，任何系统只有开放，与外界保持信息、能量和物质交换，才能趋于有序，保持活力。

根据系统论理论，旅游解说系统应该具备系统整体性、有序性、相关性、动态性和开放性等特征，所以对旅游解说系统的研究必须遵循系统论的基本思想，注意旅游解说信息、旅游解说受众、旅游解说设施、旅游解说服务等构成要素之间相互作用、相互影响的关系，合理安排解说系统中各要素的秩序，使它们密切配合，形成统一的功能。另外，系统论告诉我们，旅游解说系统是一个动态的系统，在对旅游景区旅游解说系统进行管理时，应随时收集各要素信息，认真研究系统中各部分各要素之间的相互关系，经常反馈、调整，既要注重自身结构体系的优化，又要考虑外部因素的优化，努力找出其中合理的"度"，提高管理的有效性。

2.2.2 传播学理论

传播通常由传播者、传播媒介和传播受众组成，是人类交流信息的一种社会性行为，是人与人之间、人与他们所属的群体、组织和社会之间，通过有意义的符号所进行的传递信息、分享信息、共享信息的过程。解说是向游客传达游憩区内的资源信息的过程，所以解说的本质是一种信息传播的过程，是一项有组织、有目的的传播活动。旅游解说系统实际上是通过旅游解说媒介将大量的旅游解说信息传播给游客，进而影响游客的旅游行为的重要信道，而研究如何进行有效、正确的沟通则需要传播学的理论。

2.2.2.1 一般信息的传播

信息的传播有一定的规律性，一般包括传播者、信息、传播媒介、受众、传播效果、反馈等基本要素，传播者通过传播媒介将信息传播给受众，受众再将传播效果通过信息反馈的方式再次传播给传播者，如此反复循环，从而实现信息的动态流动。

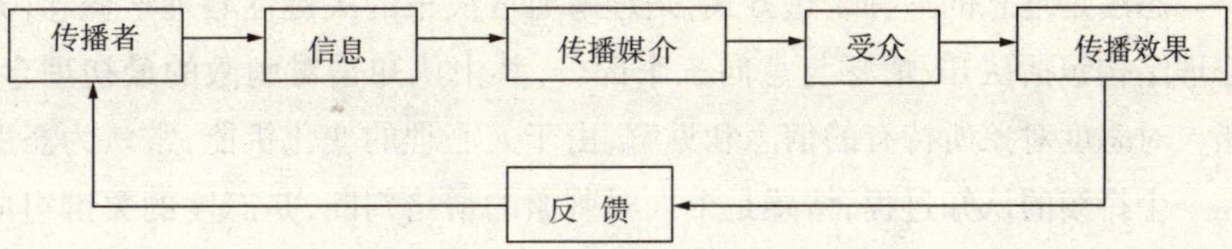

图2-1 信息传播的一般过程[49]

2.2.2.2 旅游信息的传播

旅游信息的传播一般包括旅游者、潜在旅游者、旅游经营者、旅游管理者和旅游媒介等基本要素，旅游者既是信息接收者，同时也是信息的传播者，在旅游过程中，旅游者可以接受大量的信息资源—历史文化信息，自然风光信息，还有整个旅游目的地的政治、经济、民俗、文化等整体氛围，同时也会将自身所承载的旅游客源地的文化、风俗、价值观等信息传播到旅游目的地；潜在旅游者是旅游信息最初的接受者，一旦得到较为准确和满意的信息，旅游动机就会最终转变为旅游行为；为扩大旅游资源的影响力，旅游经营者会利用各种传播媒介进行旅游促销；旅游管理者也需要向社会或游客传播旅游资源和旅游管理的相关信息；因此旅游信息的传播就是旅游经营者和管理者通过旅游媒介将旅游信息传播给旅游者和潜在旅游者，旅游者和潜在旅游者通过信息反馈的方式再次传播给旅游经营者和管理者，如此反复循环，实现信息的动态流动。

2.2.3 行为学理论

Hammit(1981)[50]、Ham(1983)[51]和Moscardo(1996)[52]认为，行为理论是有效解说交流的基本原则。要认识解说对游客行为改变的一个关键的因素就是要理解知识、态度和行为之间的联系。

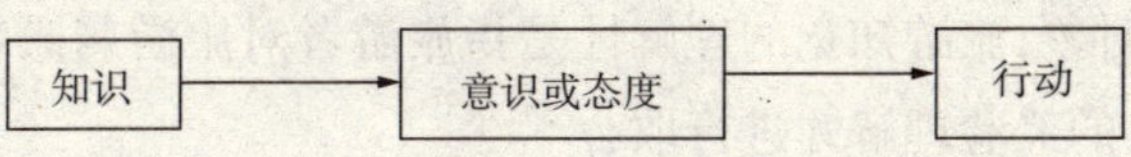

图2-2 线形的行为改变系统

人对事物的认识通常分认知、理解和行动三个层面，认知是对事物表象的初步认识，属于浅层次的认识；理解是对事物本质的认识，是中层次的认识，属于心理和态度层面；行动则是一种深层次的认识。

态度是理念的一种表达方式，是理解游客决策的关键性心理学概念，其心理结构包括认知、情感与意向三个部分，其中认知是对刺激的最初理念，指人对态度对象所持有的信念和见解，由于人心理的变化机能，常认为态度是一个持续的认知过程；情感是个人对刺激的情绪判断，是态度的关键组成部分，影响态度的最终形成，且促使旅游动机与旅游行为的发生；态度是个人对刺激做出的一种倾向性判断结果，它是态度认知与情感发生所导致的结果，是旅游动机或行为的准备状态。因此，潜在的游客对任何一种旅游产品的态度，都能导致旅游行为的发生或旅游动机的加强。

行为是态度的最终结果。刘纯[53]提出态度与行为关系模式指出，态度是有信念与见解、情感及意向构成，态度一旦形成，就产生行为方式的偏爱或意向，某些外界因素又对这种偏爱或意向产生影响，最终影响行为的方向。

2.2.4 旅游心理学理论

旅游心理学是研究旅游者的心理活动及其客观规律的一门科学，其研究对象含旅游者的知觉、动机、态度、个性等不同心理要素对旅游决策和行为的影响。在旅游解说系统中，不同解说受众即游客的动机个性、态度等心理要素的不同，必然导致其对旅游解说系统的需求、体验、评价等不同。因此，在旅游解说系统的规划与研究中，应该充分考虑不同游客的需求，增加游客的旅游体验。

2.2.4.1 旅游知觉

旅游知觉是直接作用于旅游者感觉器官的与旅游相关的客观事物的总体在旅游者头脑中的反映，具有选择性和理解性。旅游知觉的选择性是指旅游者面对大量的旅游信息，会将各种信息过滤，保留下个人认为重要的事物，成为知觉对象；旅游知觉的理解性是指旅游者对旅游刺激物的筛选过程中会根据个人的经验理解并进行取舍[54]。

借助旅游景区旅游解说系统，旅游者可以了解景区的相关信息、尽快熟悉旅游景区的旅游环境、形成正确的空间感，消除陌生感。因此，为了引起旅游者的思想共鸣，旅游解说系统可以在色彩、位置、内容、字体、高度等方面加强对游客的刺激程度，通过刺激来改变游客的态度和行为，增强旅游体验。

2.2.4.2 旅游动机

旅游动机是一个人外出旅游的主观条件，包括旅游者身体、文化、社会交往、地位和声望等方面的动机，是推动人们旅游行为的重要因素。通常，促发旅游动机产生的心理需要有两种：即探新求异的积极心理和逃避紧张现实的消极心理。一方面，随着教育的发展和信息技术的进步，人们渴望亲自到异国他乡体验与其日常居住和生活的环境不同的风土人情、自然风光、地方文化传统和习俗，以满足自己的好奇心和求知欲。另一方面，在高度城市化和工业化的社会，为了摆脱现实生活带来的身心紧张和疲倦，人们常常会选择外出度假。旅游期间，人们摆脱了日常身份的束缚，新奇的环境又带来了新的刺激，舒缓了原来紧绷的神经，从而可以有效地缓解人们的紧张和压力。因此，随着旅游活动的日益普及，越来越多的人把旅游看作为从日常喧哗紧张的生活中解脱出来，消除紧张的一种手段。

旅游景区旅游解说系统在为游客提供旅游信息的同时，还具有娱乐、教育游客的功能，对游客的心理会产生影响，游客在旅游活动中得到的娱乐、知识、审美等满足了游客的旅游需求，因此对旅游解说系统的研究可以促进旅游企业全面了解消费者的需求，准确细分市场，及时推出符合目标市场需求的旅游项目，提高市场占有率。

2.2.4.3 旅游者决策行为理论

旅游决策是指旅游者在出游前会根据根据自己搜集的信息和旅游偏好做出旅游决定的过程。影响旅游者决策行为的主要因素分为感知机会和可达机会。感知机会是指旅游者对旅游景区的整体印象，取决于旅游者对旅游景区旅游信息的摄入程度，一般摄入的旅游信息愈多，游客对旅游景区的出游率就愈大。可达机会是指旅游者到旅游景区的可达性，一般用距离衡量，距离又分为客观距离和感知距离。客观距离是可以实际衡量的长度，感知距离则受交通便利程度、行使时间、路况好坏等因素影响。通常，感知距离越大，可达性越小，旅游者的出游率也就越小[55]。

旅游信息可以改变游客的感知距离，影响旅游者的出游决策，旅游解说系统是提供旅游信息的主要渠道，所以说旅游解说系统是影响旅游决策的一个重要因子。介于旅游者的决策行为与旅游信息存在极强的关联性，旅游景区要想吸引旅游者，首先必须加强旅游解说系统的建设，为旅游者的旅游行为决策提供足够的旅游信息。

2.2.5 游客管理理论

游客管理是处理旅游资源和游客之间的关系,有效实现资源可持续旅游利用目标的手段。游客管理理论强调从旅游行为主体出发,通过对游客数量和行为的控制,以实现旅游开发和发展中对旅游资源及环境冲击最小化的目标,是一种积极主动的管理方式[56]。按照管理方式,游客管理可以分为直接管理法和间接管理法两种[57]。直接管理法主要通过巡查、监视、分区、罚款、限制游客数量、限制游客行为(如停留时间、禁止野营等)等措施,使游客意识到自己的行动受到一定限制,从而改变游客的意愿和行为。间接管理法则主要通过教育、沟通、解说和劝说等手段,对游客行为提前进行干预和控制[58]。介于直接管理存在被动、对抗、技术性强和高成本等局限,间接管理反而能给予游客选择的自由,因此,现在的游客管理越来越倾向于"胡萝卜加大棒"[59]——以间接管理法为主配合直接管理法。

有效的游客管理有助于旅游景区的可持续发展,从游客管理的实践来看,人们逐渐认识到有效的管理方式应当是以间接管理为主,直接管理为辅。但旅游发展的阶段和社会环境条件不同,两者之间如何平衡会有差别。一般发展中国家相对强调直接管理方式,而发达国家则相对强调间接管理方式[60]。

解说将信息传递给游客,可以起到教育游客的目的。通过解说可以提高游客旅游体验,加强游客对旅游资源的理解和认知,从而使游客产生某种意识或采取更恰当的行为来保护旅游资源。因此了解解说对游客的作用以及解说的管理作用,可由游客管理理论的角度来加以探讨。

2.2.6 游客满意理论

游客满意理论主要涉及游客消费行为和旅游目的地服务管理等理论,20世纪70年代由美国学者Pizam等最初提出,80年代中后期开始受到旅游业各界人士关注,进入21世纪,"以游客为中心"的管理新理念备受重视[61]。

游客满意是游客期望和感知相比较的结果,当旅游者的感知超过其期望时,就会产生正的期望差异,表明旅游者对服务的认可,从而产生相对高的满意度;当旅游者的感知低于其期望时,就会产生负的期望差异,表明旅游者对服务的不认可,进而产生失望;当旅游者的感知等于其期望时,则会出现零差异[62]。

游客满意度理论对旅游解说系统的研究具有重要指导价值,通过比较游客对旅游解说系统的期望和感知,可以正确评估旅游解说系统的解说效果,帮助改进现有解说系统,进一步提升游客的旅游体验。

2.2.7 可持续旅游理论

"可持续发展"的概念是1987年在联合国世界环境与发展委员会向联合国提交的《我们共同的未来》中提出的,并在1992年巴西里约热内卢联合国环境与发展大会上得到公认,其核心是"既能满足当代人的需要,又不损害后代人满足需要的能力的发展"。

旅游业的发展对资源的开发、经济的发展、社会的进步起到了积极的推动作用,同时也对目的地的自然环境、人文旅游资源和社会产生了一定的消极影响。随着生态系统失衡、传统文化流逝等现象的日渐增多,"可持续发展"理念在旅游业中得到具体应用。1990年"全球可持续发展大会"上提出了《旅游持续发展行动战略》草案、1995年"世界旅游可持续发展会议"通过了《旅游可持续发展宪章》及《旅游可持续发展行动计划》、1997年世界旅游组织正式发布了《关于旅游业的21世纪议程》,旅游可持续发展理论逐步形成。此后,有关可持续旅游的研究不断升温,并在实践中取得了一定的成绩。总结各位学者的研究结果,认为旅游可持续发展的实质是强调旅游与自然、文化和人类生存环境成为一个整体,要求旅游发展不仅要符合环境要求,更要以生态保护、渐进发展、方法革新、公平分配、信息公开、社区参与、科学论证、改善生活为原则和目标,在追求经济效益的同时,关注生态和谐与社会公平,实现人类的全面发展。

旅游解说系统是现代旅游活动中帮助游客深入了解旅游地自然、社会、文化资源的重要媒介,在科学的旅游解说影响下,游客会产生保护、尊重当地社会文化的意识,自觉地规范旅游行为,从而有利于旅游的可持续发展。而旅游可持续发展的实现,也是旅游解说得以持续发展的前提,二者在其内容上是相互呼应、相互影响的。

第3章 旅游景区旅游解说系统功能及构成分析

3.1 旅游景区旅游解说系统的功能

旅游解说是一个由多要素构成的具有特定功能和结构的系统，好的旅游解说系统可以为游客提供最大限度的游览机会，引导游客开展各项旅游活动，帮助游客认知自然资源的生态价值、环境价值和游憩价值，促进人们主动保护自然和文化遗产，提高全社会对自然生态及环境保护的认识，提升旅游区以及所在地区的旅游形象。

3.1.1 服务功能

旅游景区旅游解说系统的服务功能主要指旅游景区以简单、多样的方式给旅游者提供服务方面的信息，使他们有安全和愉悦的旅游经历；帮助旅游者了解并欣赏旅游景区的资源及价值、旅游景区与周围地区的关系，以及旅游区在整个社会经济发展中的地位。

3.1.2 教育功能

旅游景区旅游解说系统的教育功能是指景区通过各种解说媒介向有兴趣的游客提供针对性的解说服务，加深游客对旅游景区的资源及其价值、旅游景区规划设计的深刻理解，进而增强其情感体验，提升认识水平。景区解说系统的教育功能不仅有助于延长旅游产品的生命周期，更有助于提高全民族文化道德素养。通过旅游景区旅游解说系统教育，游客可以体验环境教育、历史文化教育和爱国主义教育等。

旅游解说的环境教育主要是针对自然景观资源而言。解说系统运用科学的解说手段将自然风光中涉及的景观成因、植被、地貌、水文、气象等科学知识传递给游客,不仅便于记忆,还能陶冶游客性情,激发游客对祖国大好河山的热爱。例如,森林公园的解说系统就可以帮助游客了解森林中各种树木资源的知识,认识树木的名称、生长地、生长的环境条件以及森林与人类的关系等等。

历史文化教育功能主要是针对历史文化遗产解说和民族文化解说而言。历史文化旅游景区旅游解说系统,可以让游客深入了解景区的文化景观、历史建筑、民风民情等,回顾先人的伟业,激发为未来奋斗的豪情。如秦始皇兵马俑解说系统,再现了秦统一六国时工农业发展和人民的生活状态,给游客一次生动深刻、活灵活现的秦代历史教育;另外一些壮美的自然景观往往与历史事件、历史人物融为一体,自然与文化的融合,使整个旅游景观具有时空立体性。如云南的泸沽湖,游客不仅可以欣赏泸沽湖山水的壮美,还能了解女儿国(母系氏族)特有的文化和习俗。

爱国主义教育功能主要是针对一些红色旅游景区而言。红色旅游景区的旅游解说系统是进行爱国主义教育的最好素材,通过景区各景点、景观的介绍,可以教育今人,鼓舞后人,使游客深刻了解老一辈革命家的成长历程、崇高品格、先进事迹、精神境界、人格魅力等,有利于革命优良传统文化的传播。

3.1.3 使用功能

旅游解说系统的使用功能是指旅游景区利用各种解说媒介为游客提供各种信息传递服务,使游客能系统地了解景区以及该景区存在的价值和意义,具有启迪智慧,增强旅游体验的功能。通常分为景区外解说系统和景区内解说系统。

旅游景区外解说系统主要包括交通解说系统、接待设施解说系统、游客中心解说系统等,主要建在景区的边界以外,是对景区内解说系统的补充;旅游景区内解说系统则是针对各种景点进行宣传和说明的,一般由导游员、解说员、咨询服务、导游图、导游手册、牌示解说、语音解说、资料展示等构成,主要建立在景区内。

3.1.4 审美功能

旅游解说系统的审美功能是通过多样化的解说媒介把旅游区的自然

美、社会美、艺术美和语言美有机地结合起来，展示给游客，满足游客的审美要求。自然中所蕴含的种种美，通过极其丰富的展现形式，影响着现代人的生活情怀；各民族特有的社会文化吸引和催动当今世界不同地域的人们走出家门，在异域完全新鲜的环境中亲身体味异乡生活情调，感受从未接触过的奇异风俗，激发游客的审美兴趣，引起游客的愉悦感和情感活动。

3.1.5 保护功能

旅游解说系统的保护功能是指通过解说，可以改变游客的行为方式和习惯，帮助人们树立“防重于治”的新观念，提高大众保护环境的意识，增强游客和当地居民的法律意识。如在建设旅游风景区、开发旅游资源时，通过醒目的宣传牌示和幽默诙谐的语言，向人们传递有关景区保护的常识，充分利用旅游解说系统的优势，提高人们对各种景观资源的认识，引导游客自觉地爱护旅游景区的旅游资源、保护景区的旅游环境。

3.2 旅游景区旅游解说系统的构建原则

旅游解说系统的构建是旅游规划的重要组成部分，完善的旅游解说系统可以为游客提供人性化的服务，缓解游客不恰当的行为对景区资源和生态环境的破坏，提高景区的管理效率。综合国内外一些学者的研究，本研究认为旅游景区旅游解说系统的构建应遵循以下原则：

3.2.1 以人为本

“以人为本”是现代管理伦理的核心，旅游景区旅游解说系统的构建要结合景观环境，充分体现人与自然的和谐，凸显旅游景区自身独特的人文关怀，最大限度地突出“以人为本”。对于人在旅途的游客来说，放松心情才是真旅游；对于属于服务业的旅游景区来说，最重要的就是要以游客为本，处处为游客着想，事事以游客为重，注重解说设施方便实用；另外，高质量的服务也是旅游景区的人性化体现。所以，解说系统的构建要始终把游客利益放在第一位，正确处理全局与局部、服务与管理、预防与打击、教育与惩治等各种关系，不断树立勇于尝试、勇于创新、永不知足的思想意识，充分调动景区工作人员的积极性和创造性，积极创造良好的旅游环境。

3.2.2 以游客为中心

旅游解说系统服务的主要对象是游客，在构建时应深入研究游客的心理和行为，充分考虑游客的感受，既要加深游客对旅游资源价值的理解，使之实现“了解—理解—欣赏—保护”的深化过程，促进旅游资源的保护，又要针对不同游客的需求特点进行设计，树立以游客为中心的思想理念，时时刻刻以游客为本，灵活应变，采取恰当的服务措施，满足游客对知识、娱乐和教育的需求，带给他们惊喜，尤其是在一些特殊情况下，如特殊的天气、特殊的时期、特殊的游客等，确保旅游解说信息的可靠性和易获得性。

3.2.3 以和谐为原则

旅游解说系统是连接景区内人与物、物与物、人与人之间的纽带，其构建应遵循与周围环境相和谐的原则。不同类型旅游景区的主体风貌各不相同，即使同一旅游景区的不同旅游区域景观的主体风貌也有差异，因此，旅游解说系统的构建中要尊重当地民族文化传统，要关注解说设施、设备、材质以及外观、字体、色彩等，必须与周围的景观相融合，景观的表述和刻画必须具有鲜明的景区特色，关注解说系统与周围环境的整体融合，展现旅游地区地方形象，凸显旅游景区的魅力。

3.2.4 以“双赢”为目的

旅游解说系统的构建中，应兼顾游客和景区的利益，达到“双赢”的目的。一方面，旅游景区通过旅游解说系统可以将景区的管理目标、策略、措施传达给游客，加深游客对旅游资源的认识，引导游客的行为，使其在游览中能有意识的约束自己的行为，积极地配合旅游景区的管理和保护工作，促进景区管理目标的实现，另一方面，游客借助于解说系统，可以将旅游经历提升至旅游体验层次，获得对旅游景观更大的欣赏。

3.2.5 以景观本体性为准

不同类型景区的解说系统，在确定其解说内容的重点、选择媒体及材料等方面，应注意将景观表层与景观意向由浅入深，由外在到内涵全面展开，满足不同层次的人群调适心情、寄托情感、感悟人生的需求。如在以人文景观为主的景区,解说内容的重点应放在景观的由来、建筑、科学、历史价值等方面,多选用金属、塑料等现代材料制作媒体;在以自然景观为主的景区,解说内容的重点则放在景区自然风光、景观成因等科普知识,解说媒体也多选用与自然氛围相近的木质或石质材料,强调用浅显易懂的语言描述大自然的神奇。

3.3 旅游景区解说系统的类型

国内关于解说系统的分类研究始于吴必虎等人,主要研究见表3-1。

表3-1 旅游景区旅游解说系统分类

时间	作者	主要观点
1999	吴必虎等	北京市旅游解说系统:交通网络导引解说系统、接待设施解说系统、观光度假地解说系统、可携性(出版物)解说系统
2003	唐伽拉	山岳自然景区解说系统:目的诱导型解说物、说明型解说物、环境地图型解说物、警示型解说物、公共设施指示解说物
2005	王　辉	旅游目的地解说系统:交通导引系统、接待设施解说系统、景区解说系统、游客服务中心、外部旅游协作解说系统
2005	冯淑华	古村落旅游解说系统:静态文字解说系统、动态导游解说系统、空间游览线路解说系统
2006	李东和	城市游憩公园解说系统:城市空间导引系统、服务设施告知系统、安全警告系统、环境教育系统与提示系统、景点内容解说系统、科普宣传系统
2007	周可华	旅游解说系统:目的地诱导型、导览解说、安全解说、说明型解说、管理解说系统
2008	朱伟霞	旅游目的地解说系统:旅游目的地信息系统、城市环境解说系统、景区解说系统
2009	刘亮亮等	城市游憩公园自导式解说系统:交通导引解说系统、景点解说系统、服务设施解说系统、教导解说系统

综合上述观点，由于划分标准的不同，景区解说系统的分类也不同。有根据解说的功能进行分类的（吴必虎，1999）[63]；有根据提供信息服务的方式进行分类的（李东和，2006[64]；王辉，2005[65]）；有根据解说资源的属性进行分类的（朱伟霞，2008）[66]；也有根据解说进行的场所进行分类的（冯淑华，2005）[67]；还有根据旅游解说系统规划的原则（周可华，2007）[68]进行分类的等，进一步对上述研究进行归类，发现不管是何种旅游解说系统，均可根据引导方式的不同分为向导式解说系统和自导式解说系统两大类，这是目前比较通行的分类方式，本研究也比较认同此类分类方式。

3.3.1 向导式解说系统

向导式解说系统也称为导游解说系统，是目前我国旅游景区解说系统的主体，多为团队旅游者服务。向导式解说由受过良好的专业训练和系统培训的解说人员向旅游者提供主动的、动态的信息传导，能够回答游客提出的各种各样的问题，并有针对性地提供个性化服务，其最大的特点是解说信息量大，能适时双向沟通。

3.3.2 自导式解说系统

自导式解说系统则是通过解说牌、解说手册、导游图、语音解说、录像带等多种形式的解说设施向游客提供静态、被动的信息服务，这种方式信息量有限，不能进行动态的现场双向交流，其服务对象多为散客旅游者。由于受篇幅、容量限制，自导式解说设施提供的信息有限，但是这种限制使得自导式解说系统的解说内容一般要经过精心挑选和设计，具有较强的科学性和权威性，游客可以根据自己的喜好、兴趣，自由决定获取信息的长短。

3.4 旅游景区解说系统的构成要素

旅游解说系统是一个由多要素构成、具有特定功能和结构的系统。关于旅游解说系统的构成，我国学者做了一些相关研究（见表3－2）。

研究表明，关于解说系统的构成要素，基于研究视角的不同，不同学者有不同的分类，但无论如何分类，旅游解说系统的构成均围绕解说信息如何传递给解说受众展开，按照信息的传播途径，结合旅游景区解说系统的定义，本研究认为一个完善的旅游景区旅游解说系统包含了解说员、解说设施、解说信息、景区管理和解说受众等要素（见图3-1），在这个模式中，解说员、解说设施、解说信息、景区管理、解说受众之间相互作用、相互影响，构成了一个不可分割的系统，解说信息是吸引解说受众前来的基础，是整个解说系统的基石，解说员、解说设施则是连接解说信息和解说受众的桥梁和纽带，是解说系统的核心和本质，解说信息通过解说员、解说设施等传递给解说受众，解说受众针对解说信息提供反馈评估，但无论是信息的传递还是信息的反馈评估，都离不开景区管理。

表3-2　解说系统的构成要素

时间	作者	主要观点
2005	罗芬，钟永德等[69]	环境解说中的SMRM模式：资源、技术（服务）受众
2005	纪丽萍[70]	景区旅游解说系统的5M要素：管理、信息、市场、媒体、技术性细节
2006	唐鸣镝	景区旅游解说系统的构成要素：信息源、接受者、旅游解说
2006	张立明，胡道华[71]	旅游解说系统构成要素：解说员、受众、解说信息、解说设施
2009	刘亮亮，袁书琪[72]	城市游憩公园自导式解说系统：公园管理、受众、解说信息、解说设施

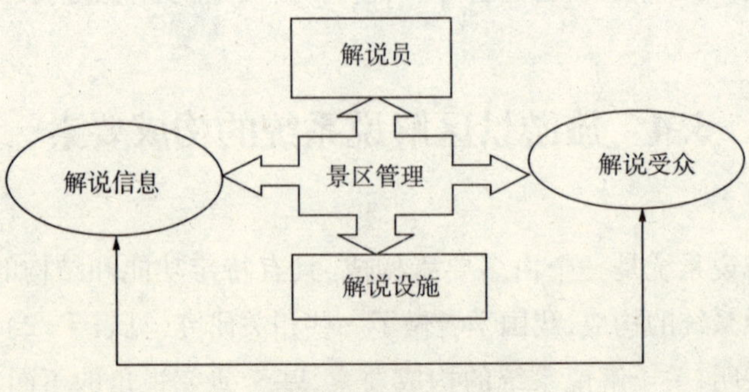

图3-1　旅游景区旅游解说系统构成要素图

3.4.1 解说员

现代的旅游解说既是一种服务，更是一门艺术。解说员是具有能动性的专门导游人员，负责向游客进行主动的、动态的信息传播，合格的解说员不但要具有良好的服务意识、精湛的服务技能，更要具有超强的解说能力。

3.4.1.1 解说员的主要职责

旅游导游解说主要在旅游景区内根据旅游接待计划和实际情况，合理引导游客的游览活动，在带领游客游览的过程中，除了为游客讲解与景区有关的知识，回答游客提出的各种问题外，还要结合讲解，宣传爱护环境、保护古迹以及自然遗产的知识。另外，防止发生意外，还要随时提醒游客注意安全，照顾好游客。

3.4.1.2 解说员应具备的从业素养

旅游解说服务的质量很大程度上取决于解说员的从业素养。不同的场地、不同的内容需要不同的解说方式和方法，不同的解说受众更需不同的解说技巧，一个优秀的解说员不仅要为游客提供标准化的服务，更要能为游客提供个性化服务。为了规范解说服务质量，美国国家公园根据解说员应具备的基本能力和应掌握的解说关键技术，确定了对解说员进行解说专业素质教育的解说技能方程式：(Kr+Ka)+AT=IO[73]，围绕该方程式，我们认为解说员应从以下几个方面提高从业素养：

Kr——指关于资源的知识，即解说员应掌握的基本知识。对于解说员来说，首先必须了解资源是什么、资源包含的具体、抽象及普遍的概念，同时，还要懂得如何将具体的表象与抽象的概念连起来进行表述的能力，如当看到废物箱里的一只空啤酒瓶时，不仅可以和游客讨论它的制作材料，同时还能联想到酿酒、饮酒、禁酒以及废物的回收和利用等话题。

一个优秀的解说员应该主动研究资源，熟悉资源的发展历史，了解资源的过去、现在以及面临的挑战，明白资源保护的重要性，且能将资源的具体表象与抽象的概念连起来传递给不同的解说受众。这项能力的培养要求解说员不仅自己要先认清资源的价值，同时还要广泛吸收其他人对资源的评价和认同，拓宽对资源认识的深度和广度。

Ka——指关于游客的知识，解说员不仅要充分了解游客的客源地、年龄、停留时间、乐意参与的景区活动，同时还要了解游客的职业、性别、受教育程度、收入水平、参观动机等基本信息，其中，最重要的是了解游客来景区参观最感兴趣和最期盼的事情。游客知识的掌握，不仅可以使解说员选择合适的时间和地点对游客进行有效解说，还便于解说员能够选择合适的解说方式，帮助游客了解资源的新知识。所以，一个优秀的解说员必须真正了解游客、仔细研究游客的需求，乐意和游客分享自己对资源的热爱，教育和启发游客，协助游客实施旅游、保护环境。

AT ——适当的技巧，指解说员应根据不同的解说环境选择最适宜的解说方式和技术进行解说信息的传递，包括恰当的解说媒介、有效的解说技术、激发游客参与的方法、解说材料的组织以及解说员的服务形象和服务态度等，尤其强调解说员的随机应变能力。一个优秀的解说员不仅要热情，更要时刻关注游客的反应，学会引导游客自己去发现、去体验、去思考。解说员通过富有科学性、知识性、艺术性、适用性的语言，配合表情、手势等体态语言，深入浅出地引导游客学习，让游客在获得游憩体验的同时，透过“发现”、“惊奇”，使体验深植于人心，达到真正的双向沟通。

IO ——解说机会。由于游客的文化背景、个人经历和生活环境不一样，对同一个事物所表现的认识和情感也不同，所以解说项目的设计就像准备一盘品种丰富的精美甜点餐盘，尽可能地考虑游客的各种需求，多选择与游客相关的、感兴趣的，令人难忘的解说方式，满足不同游客的选择。解说是提供给全体游客的，而非某一群体，解说员在解说中，应学会以多种的方法来表达或要能为游客提供各种可能的机会，营造良好的环境，尽量让游客保持注意力，避免游客抗拒或回避解说，让游客在获得知识的同时受到启发，从而保证解说的服务效果。

3.4.2 解说设施

解说设施是旅游信息的载体，是解说员开展旅游解说的辅助工具，是影响景区解说质量和效果的重要因素。解说设施种类很多，通常包括标识牌、模型和沙盘、视听媒介、网络以及印刷物等，解说内容不同，采用的解说设施不同，游客不同解说设施也不同。

3.4.2.1 标识牌

标识牌是旅游景区最常见的一种旅游解说设施，《现代汉语词典》对标识牌的解释为“作标志用的牌子，上面有文字、图案等”，标识牌的类型从不同的角度会有不同的划分，按标识牌的功能划分，可分为解说标识牌、引导标识牌、警示标识牌和宣传标识牌；按解说对象和内容可分为吸引物解说标识牌、旅游设施解说标识牌、环境解说标识牌和旅游管理标识牌，按所属范围角度划分，可分为旅游景区外部标识牌和景区内部标识牌，不同的牌示具有不同的作用，会达到不同的解说效果，以下以表格的形式列出旅游景区内常见的各种标识牌（见表3－3）。

表3－3　常见标识牌及作用

种　类	作　用
全景牌示	使游客了解旅游景区的总体布局、各景点布局、服务设施及各条游览线路
景点牌示	说明各个景点的具体名称、由来、历史和文化内涵
交通引导牌示	包括景区外部交通导引和内部游览交通导引两部分
警示牌示	告知游客在景区旅游的注意事项
服务牌示	指示具有服务功能的场所
教育牌示	提高游客对旅游景区的了解和认同

3.4.2.2　音像解说设施

音像解说设施是借助于声音、影像等有效传播媒介，通过刺激游客的听、视觉神经，向游客解说景区的各种旅游资源，让游客集中注意力，增强游客的旅游乐趣，丰富游客的旅游知识。旅游景区可以将景区独特的自然风光、人物传记、民俗风情等制作成VCD、DVD、CD来对景区进行宣传和解说，这些影像制品一方面可以在景区内播放，也可以让游客购买后带走，延长游客的愉悦时间。

另外，在游客游览观光时，辅以背景音乐、景区提示、CD等解说设施，一方面，可以提升游客游览的愉悦感，提高游客游览的兴致及欣赏水平；另一方面，可以保证景区的正常运转，提高游客满意度。

3.4.2.3　印刷物解说

旅游景区通过书籍、报纸、刊物等印刷物，向游客介绍景区的发展情况、生态环境，以及景区食、住、行、游、购、娱等信息，不仅可以帮助游客深入了解景区旅游资源价值,减少游览过程中的各种障碍,同时还能为景区的管理者提供决策依据,帮助提高景区管理水平、服务水平,提升景区的服务质量。

3.4.2.4 展览

为使游客能对旅游景区形成一个比较完整、清晰的空间概念,景区可有目的地利用文字、图片、实物、模型和沙盘等形式设计一系列展品,向游客传递解说信息。展品设置常通过一个不寻常的结尾或独特的观点来揭示信息,必须与受众的日常生活引发关联,且能激发受众的兴趣和好奇,这些展品可以是动态的、也可以是静态的,其展示的主要目的是促使游客根据自身的情况自主地参观,鼓励游客只要有可能就来参观"真正的实物"。

3.4.3 解说信息

解说信息是旅游解说构成的核心部分,是公众认知旅游景区、了解旅游景区,并产生旅游动机和欲望的重要影响因素,旅游景区的解说信息不仅包括对旅游地的自然环境和社会环境的解释,还可以是对旅游地管理政策、旅游活动过程中的注意事项或旅游设施使用等方面的说明。如游客进入植物园旅游时,通过景区提供的植物解说,可以认识植物及其生存环境,接受环境教育;进入主题游乐园时,通过阅读游乐园提供的各类高科技设备的使用方法及注意事项,可以正确选择和使用各类设备。

3.4.3.1 旅游解说信息的基本要求

旅游解说系统是旅游景区发挥服务功能、教育功能和安全警示功能的主要载体,解说信息必须全面、科学、准确、生动有趣。首先,景区解说信息不仅包括对旅游景点的详细介绍,还应包括对景区旅游设施、景区管理体制、管理制度以及对游客管理的措施等方面的内容,比如引导游客参观的道路指示牌、导览图;为方便和提醒游客的各种公共服务信息;各类安全警示教育信息等。第二,解说的内容必须科学准确,不能似是而非,更不能歪曲误导,解说信息的选择,必须做到中心准确、重点突出、条理清晰。第三,由于旅游景区的解说主要是面向广大游客的,而非专业人士,所以要求解说信息必须生动有趣,通俗易懂,容易为游客接受。

3.4.3.2 旅游解说对象

旅游解说对象即人们常说的旅游资源,是对游客具有吸引力的自然景观、历史文化景观以及各种人工创造物,是旅游解说活动开展的基础。根据旅游资源的发生属性及组成要素，可把旅游资源分为自然旅游资源和人文旅游资源，自然旅游资源是指以大自然造物为吸引力本源的旅游资源，包括地文景观类、水域风光类和生物类；人文旅游资源是指以社会文化事物为吸引力本源的旅游资源，包括古迹与建筑类、消闲求知健身类和购物类，不同的景观具有不同的资源特点，解说的重点不同，解说的方式也不同。

通常自然景观的解说中，比较强调旅游资源的物质实体性、地带性、时间性、生态性以及不可再造性和不可移植性，如对地文景观的解说不仅包括对旅游资源本体的科学说明，更强调对景观成因、地质构造、地貌环境等的解释，以满足游客的求知欲；对水域风光的解说中，则要注意兼备科学性和审美性，既要解释河流湖泊形成的原因，又要讲述景观变化的情况及原因，以提高游客的审美观；对生物资源的解说则更强调其环保性、生态性，让游客在了解生物资源的同时，增强保护环境的意识。

相对于自然景观而言，人文旅游景观则强调它的精神文化性、可创造性和历史社会性。对遗址类景观的介绍要交代修建、耗费的时间、主持人物、历史背景和修建原因；对建筑设施类的介绍则要着重介绍建筑设施的风格及其体现的人文理念；在解说旅游商品时，要注意解说其制作工艺、流程、特点和销路；对一些人文活动的解说则要注意介绍活动的由来、形式和内涵，讲究历史的真实性。

3.4.4 景区管理

解说是一个信息传播的过程，解说系统是一个由多要素组成的有机整体，如果说解说信息是解说系统的基础，解说受众是解说系统的服务对象，解说员和解说设施是桥梁和纽带的话，那么景区管理就是那个架桥铺路的人。无论是解说信息通过解说员或解说设施传播给解说受众，还是解说受众对解说信息的接受和反馈，都离不开景区管理。一方面，景区管理方通过对解说员的专业培训和管理，不仅可以提高解说服务质量，同时还能提高解说的有效性；另一方面解说设施、解说技术的更新也必须由景区统一规划，科学管理，因此，景区管理应该是景区解说系统评价中的一个重要因素。我们认为景区解说系统的管理中，景区管理者首先要重视解说系统的建设，同时要有科学的规划和具体的实施方案，在做好员工的培训管理工作后，还要加强景区网站、游客中心的建设和维护。

3.4.4.1 旅游网站

旅游网站是利用网络技术，在服务器上存储若干个旅游信息，向游客提供人—人、人—机交流的网上旅游服务场所。一般旅游网站会包括许多Web页面，根据网站创建者创建网站的目的不同，提供的旅游信息会有所不同。如政府部门的旅游网站一般重点发布旅游新闻、行业管理、政策法规、旅游统计数据等；应用服务供应商网站除了发布具有政府网站的旅游新闻、旅游政策外，还有旅行社、旅游饭店、旅游交通等旅游经营信息；旅游企业网站则更多地介绍企业自身的产品，宣传和发布本企业的旅游信息。

旅游景区的网站页面往往包括许多文本、图像、声音和一些小程序，俗称是景区的“百科全书”，潜在游客通过网站的浏览器可以领略景区优美的风景或历史文化，激发起旅游动机；旅游者从中可以找到旅游景区的相关信息和获得信息的途径；旅游经营者可以通过景区景点网站进行网上预订、网上售票等业务。同时，作为联系和沟通游客的桥梁，很多景区网站设置的游客论坛也备受游客青睐。

3.4.4.2 游客中心

游客中心又称“游人中心”或“游客接待中心”，《GB/T17775-2003 旅游区（点）质量等级的划分与评定》中将游客中心定义为旅游区（点）设立的为游客提供信息、咨询、游程安排、讲解、教育、休息等旅游设施和服务功能的专门场所。

作为景区对外管理的主要窗口，游客中心是一种综合式的旅游解说媒介，能为游客提供一站式的综合旅游解说服务，按其存在形式又可分为现实游客中心和虚拟游客中心。现实游客中心是指景区为现实游客提供咨询的服务机构，服务设施的等级、性能、质量、数量对游客中心能否正常发挥效用有着极其重要的作用；虚拟游客中心则是为潜在游客提供旅游预体验、旅游资讯与出游咨询的服务机构，一般通过互联网与客源接触，强调互动性。在信息流通更为发达、迅速的今天，虚拟游客中心的发展前途更大。

3.4.5 解说受众

3.4.5.1 解说受众的概念

解说受众指旅游解说信息的使用者，指通过旅游达到了解、体验、享受旅游过程的个人或团体，它包括现实游客和潜在游客[74]。在整个旅游活动中,游客会有意识将自己接收旅游地的自然风光、民俗风情、传统文化等信息进行选择整理加工,而且还会将自身的文化观、价值观传播到旅游地,所以,游客既是旅游信息的接受者,也是旅游信息的使用者,同时还是旅游信息的传播者。

潜在游客虽然暂时没有具体的旅游活动,但存在旅游动机,尽管年龄、职业、身体状况和经济能力等个人因素会影响游客的旅游动机,但旅游信息的收集对个人的出行与否至关重要。因此,在外出旅游前,人们总会收集各种相关的信息,然后根据自己的偏好做出旅游决定。

3.4.5.2　游客的人口统计特征

旅游解说受众对于解说系统的内容要求和理解接受能力与其年龄、受教育程度、性别、收入状况、兴趣爱好等密切相关。

研究表明,不同年龄段的游客对旅游解说媒体的需求差异显著,21～30岁年龄层的游客多倾向于选择“人员提供咨询服务”,31～40岁年龄层的游客则倾向于选择“专家学者的专题演讲”;受教育程度不同的游客,对解说服务也存在较大的需求差异,通常,大学教育程度的游客选择“解说员带队解说”要高于其他受教育者;而且随着游客到访次数的增多,对解说设施的需求也不同,一般初次到访者往往会选择“解说牌”,多次到访者则会选择“展示馆”、“专题演讲”、“多媒体”等设施[75]。

可见,不同游客参观不同的景点时有着各自不同的期望,所以景点的解说设计中要综合考虑旅游解说受众的属性,根据游客的人口特征,试着确定游客可能参加的旅游项目,以及游客可能感兴趣的解说主题,提供符合他们需求的解说活动,在解说过程中区别对待,做到有针对性、有区分性,才能达到预期的效果。

3.4.5.3　游客的旅游需求

游客的旅游需求很大程度上是以马斯洛的需求等级理论为基础的。生理需求是人们最主要、最根本的需求,如果游客感到疲劳,就会想到找个长凳休息,想去厕所就想能方便地找到厕所……所以必须在景点、设施、项目的设计时考虑游客的生理需求;安全需求是需求等级中的第二个层次,如果游客认为某项活动不安全,就会拒绝参加该项目,所以在为游客提供解说服务时,要记住安全需求;通常情况下,人们总喜欢结伴前往公园、历史遗迹等地参观,很少自己单个前往的,不仅在人数上有安全感,至少在需要帮助时会得到帮助，这是游客的社会需求；每个人都有提升自己的愿望，当人们因尝试而受到别人的称赞时，当人们的成就得到别人的认可时，学习效率是最高的，所以，受尊重的需求是游客加入解说项目和解说服务的一个主要动机；自我实现的需求是每个人一直努力的目标，通过解说，可以鼓励游客在学习中达到自我实现，通过探索新的方法成为更全面的人才。

第4章　旅游景区旅游解说系统评价模型构建

4.1　旅游景区解说系统评价指标建立原则

本研究在设计指标体系时，遵循以下原则：

(1)系统性：即指标体系要能全面反映系统的总体特征，符合旅游解说的内涵，但又要避免指标之间的重叠，使评价目标和评价指标有机地联系起来，组成一个层次分明的整体。

(2)科学性：即指标体系要能客观和真实地反映旅游景区旅游解说系统的内涵，能较好地度量旅游景区是否提供了真正的旅游解说产品。

(3)层次性：即根据评价需要和旅游解说系统的复杂性，指标体系可分解为若干层次结构，使指标体系合理、清晰。

(4)指导性：即指标体系要体现与旅游景区可持续发展目标一致的政策，对旅游目的地的经营管理起指导的作用，规范和引导解说系统未来发展的行为和方向。

(5)可操作性：即指标体系应尽可简化，计算方法简单，数据易于获得。指标体系的研究固然重要，但眼花缭乱的指标体系及其相应的众多数据，并不利于旅游景区经营管理的科学决策和应用。所以，本研究尽量将各种指标集成为简单明了的综合指标，使体系中的评价指标有可测性和可比性。

(6)定性与定量相结合：考虑到指标体系涉及面广，描述现象复杂，指标评价时采用定性与定量相结合，以定量评价指标为主，对一些无法做到直接量化的采用一些主观评价指标。

4.2 旅游景区解说系统评价指标的提出

在文献阅读和试调查的基础上，根据旅游解说系统的定义和构建原则，以及解说系统评价指标体系的框架模型，提出针对旅游解说系统的评价指标(见表4－1)，包括解说员、解说设施、解说信息、景区管理、解说受众五个方面共60个指标。

表4－1 旅游景区旅游解说系统评价指标(第一轮)

主题	指标
解说员	1. 良好的解说技能和服务技巧
	2. 丰富的景区知识
	3. 热情服务
	4. 解说时间掌握适度
	5. 个性化讲解
	6. 态度亲切有礼
	7. 仪容整洁，身着制服
	8. 吐词清晰，发音准确
	9. 业务熟练
	10. 受过专业训练
	11. 持证上岗
解说设施	12. 设置与景观环境协调
	13. 放置方式合理
	14. 数量合理
	15. 图文并茂
	16. 制作材料
	17. 具有传说故事解说牌
	18. 导游图清晰明了
	19. 操作容易

（续表）

主题	指　　标
解说设施	20. 多媒体播放
	21. 电脑触摸屏
	22. 解说折页
	23. 解说折页容易取得
	24. 解说折页具有保存价值
	25. 解说折页携带方便
	26. 电子语音导览手机
	27. 电子语音导览手机租借方便
	28. 电子语音导览手机容易携带
解说信息	29. 容易理解
	30. 语言创新
	31. 多样性
	32. 针对性
	33. 科学性
	34. 及时性
	35. 空间引导
	36. 景区服务信息
	37. 安全警示
	38. 教育提示
	39. 解说内容符合展示的主题

（续表）

主题	指　　标
景区管理	40. 景区导游图与导游资料
	41. 旅游风光碟
	42. 旅游宣传手册
	43. 旅游景区网站
	44. 关于景区的科普读物
	45. 游客中心规模适度
	46. 咨询服务人员配备齐全
	47. 服务人员业务熟练
	48. 游客中心位置合理
	49. 解说系统适时更新
	50. 解说制度管理
	51. 员工管理
	52. 员工培训
解说受众	53. 旅游总体感受
	54. 游客重游意愿
	55. 能使游客增长知识
	56. 能使游客顺利完成参观游览
	57. 能唤起游客的学习兴趣
	58. 让游客有愉快的参观体验
	59. 使游客从解说中受到启发
	60. 引发思考

4.3 旅游景区解说系统评价指标的筛选

4.3.1 运用德尔菲法进行第一轮专家咨询

德尔菲法,是上世纪40年代美国兰德公司研制的一种直观预测技术,亦称专家集体评价法,采用背对背的通信方式征询专家小组成员的预测意见,经过几轮征询,使专家小组的预测意见趋于集中。该方法是系统分析方法在意见和价值领域内的一种有益延伸,它突破了传统的数量分析界限,为制定合理方案拓宽了思路,现阶段已成为一种广为适用的预测方法。

4.3.1.1 问卷设计

本轮专家意见征询表(见附录一)分为两个部分。

第一部分是60个指标,将指标的重要程度分为"很重要"、"重要"、"一般重要"、"不太重要"、"不重要"五个等级,分别赋予9、7、5、3、1分值,请专家根据指标的重要程度打分。

第二部分是两个开放性的问题,第一个问题是请专家对不合理的指标做出修改和调整,第二个问题是请专家对指标体系进行补充,增加他们认为重要的其他指标。

4.3.1.2 专家打分

在60个指标的指标体系的基础上,笔者请了38位在生态学、环境保护、旅游规划、旅游经济、旅游地理、旅游市场、园林、旅游文化、建筑和城市规划等相关领域有深入研究专家对指标体系的研究提供意见和建议,并请专家填写问卷,对指标体系的重要程度进行判断。本次咨询共发问卷38份,收回34份,回收率89%。

4.3.1.3 统计方法

按照Saaty的1~9标度法,各指标"很重要"、"重要"、"一般重要"、"不太重要"、"不重要"分别给予9、7、5、3、1的分值,专家的"意见集中度"用各指标所得分值的算术平均值 M_j 表示,专家的"意见协调度"则用各指标所得分值的变异系数 V_j 来表示,变异系数越小,表明该指标专家意见协调程度就越高。

假设 X_{ij} 表示第 i 个专家、第 j 个指标的打分，现在共有 n 个专家，m 个指标。

$$M_j = \frac{1}{n}\sum_{i=1}^{n} X_{ij}$$

$$S_j = \sqrt{\frac{\sum_{i=1}^{n}(X_{ij} - M_j)^2}{n-1}}$$

变异系数的计算公式：

$$V_j = S_j / M_j$$

V_j——j 指标的变异系数；

S_j——j 指标标准差；

M_j——j 指标的算术平均值；

V_j 越小，j 指标的专家意见协调度越高。

4.3.1.4　第一轮统计结果分析

按照上述方法对专家问卷所获得的数据进行统计，计算 60 个指标的“意见集中度”和“意见协调度”各指标所得分值的变异系数在 0～0.50 之间，共有 5 个指标的变异系数大于 0.4，它们分别是“具有传说故事解说牌”、“电脑触摸屏”、“电子语音导览手机租借方便”、“电子语音导览手机容易携带”、“电子语音导览手机”。

将意见集中度指标大于 6.5（即算术平均值大于 6.5）的指标筛选出来，结果见表 4－2。

表 4－2　第一轮指标筛选结果

指　标	意见集中度	意见协调度
1. 良好的解说技能和服务技巧	8.44	0.21
2. 丰富的景区知识	8.38	0.13
3. 热情服务	7.19	0.16
4. 解说时间掌握适度	6.44	0.18
5. 态度亲切有礼	7.19	0.22
6. 吐词清晰，发音准确	7.19	0.20
7. 业务熟练	7.44	0.21
8. 设置与景观环境协调	7.38	0.20

（续表）

指　标	意见集中度	意见协调度
9. 放置方式合理	7.00	0.18
10. 数量合理	6.44	0.21
11. 图文并茂	6.44	0.28
12. 导游图清晰明了	7.75	0.16
13. 操作容易	6.94	0.24
14. 解说折页携带方便	6.56	0.32
15. 容易理解	8.44	0.12
16. 多样性	6.44	0.23
17. 针对性	7.38	0.21
18. 科学性	7.13	0.24
19. 及时性	6.69	0.24
20. 空间引导	6.88	0.23
21. 景区服务信息	6.81	0.22
22. 安全警示	7.00	0.27
23. 教育提示	6.63	0.25
24. 解说内容符合展示的主题	7.13	0.25
25. 景区导游图与导游资料	7.56	0.15
26. 旅游景区网站	7.19	0.19
27. 咨询服务人员配备齐全	6.75	0.28
28. 服务人员业务熟练	7.75	0.16
29. 游客中心位置合理	7.06	0.15
30. 解说系统适时更新	7.31	0.19
31. 解说制度管理	6.69	0.24
32. 员工管理	6.69	0.30
33. 员工培训	7.25	0.23
34. 旅游总体感受	8.31	0.12
35. 游客重游意愿	7.69	0.19
36. 能使游客增长知识	6.75	0,20
37. 能使游客顺利完成参观游览	7.38	0.25

专家的意见主要集中在以下几个方面：

(1)指标体系应当精简，可操作性强，关注关键性的指标，应削减部分一般或不重要的指标。可以用一个关键性指标反映的，就不再设立其他相关指标，主要反映旅游解说系统以人为本，以游客为中心，强化环境保护的内容。

(2)从解说系统的载体和内容出发，完善相关指标，合理排序。

(3)对解说员的评价增加"团队协作"指标。

(4)考虑到外国游客的习惯，"解说设施"或"解说信息"，应该适当增加双语解说的指标。

(5)考虑增加游客行为引导和教育、游客不文明行为管理和处理方面的指标。

(6)在评估景区管理时应考虑"周边社区对景区的影响"、"广播和移动通讯工具的应用"等因素。

(7)解说设施指标中，可能存在全面与片面、具体与抽象的矛盾，最好能抽象表达一些考核指标。

(8)各指标之间部分重复，建议分等级评价。

(9)增加反映解说受众信息反馈方面的指标，例如"解说受众信息反馈系统"。

4.3.2 运用德尔菲法进行第二轮专家咨询

4.3.2.1 指标调整

根据第一轮专家问卷的统计结果以及专家们对指标体系提出的修改和调整的意见，对从60个指标中筛选出的37个指标的进行合并，修改了个别指标表述，并增加了9个指标，分别是提供不同层次的解说、团队协作精神、多语言解说、解说信息的简明清晰、生动、有吸引力、与当地社区的沟通、旅游者不文明行为处罚率、游客行为的改变。

本轮将景区解说系统评价指标调整为40个指标，如表4-3。

表 4-3　旅游景区旅游解说系统评价指标(第二轮)

主　题	指　标
解说员	1. 热情服务
	2. 业务熟练
	3. 丰富的景区知识
	4. 能提供不同层次的解说
	5. 良好的服务技能
	6. 善于沟通
	7. 团队协作精神
解说设施	8. 设置与景观协调
	9. 数量合理
	10. 个性化设计
	11. 多语言解说
	12. 标识牌
	13. 音像解说
	14. 印刷物解说
	15. 高科技解说产品
	16. 使用方便
解说信息	17. 全景解说
	18. 空间引导
	19. 安全警示
	20. 教育提示
	21. 景区服务
	22. 科学性
	23. 多样性
	24. 形象生动
	25. 简短、清晰
	26. 有吸引力

（续表）

主　题	指　标
景区管理	27. 员工培训与管理
	28. 旅游景区网站
	29. 与社区沟通
	30. 游客中心
	31. 游客不文明行为处理
	32. 解说系统适时更新
	33. 解说信息反馈系统
解说受众	34. 旅游总体感受
	35. 游客重游意愿
	36. 能增长知识
	37. 能顺利完成参观游览
	38. 有愉快的参观体验
	39. 解说设施的使用率
	40. 改变旅游行为

4.3.2.2　问卷设计

本轮专家意见征询表(见附录二)分为三个部分。

第一部分是第一轮的专家问卷统计结果,为专家在填写第二轮问卷时提供参考。

第二部分是根据第一轮专家问卷统计结果调整的新的指标体系(共40个指标),请专家再次对指标的重要程度进行判断。

第三部分是一个开放性的问题,请专家对指标体系不合理之处做出修改和调整。

4.3.2.3　专家咨询

本轮咨询主要以个别访谈的形式进行,将第一轮专家咨询反馈的意见和建议提供给第一轮中返回问卷的34位专家,并请专家再次对指标体系提出修改意见,并按照Saaty的1~9标度法判断各级指标的相对重要程度,意见反馈率100%。

4.3.2.4 第二轮统计结果分析

根据第一轮统计方法，对本轮咨询进行统计，保留“意见集中度”大于6.5（即算术平均值大于6.5）的指标，筛选出29个指标。（见表4-4）

表4-4 第二轮指标筛选结果

指 标	意见集中度	意见协调度
1. 热情服务	7.50	0.12
2. 业务熟练	7.67	0.17
3. 丰富的景区知识	7.83	0.17
4. 能提供不同层次的解说	7.00	0.24
5. 良好的服务技能	6.67	0.17
6. 善于沟通	7.50	0.12
7. 设置与景观协调	7.83	0.13
8. 数量合理	7.17	0.19
9. 人性化设计	7.67	0.17
10. 多语言解说	6.50	0.23
11. 标识牌	7.33	0.16
12. 使用方便	7.67	0.26
13. 全景解说	6.67	0.31
14. 空间引导	7.67	0.17
15. 安全警示	7.33	0.26
16. 景区服务	7.17	0.25
17. 科学性	7.17	0.22
18. 形象生动	7.67	0.17
19. 简短、清晰	7.17	0.08
20. 有吸引力	8.17	0.13
21. 员工培训与管理	8.33	0.12
22. 旅游景区网站	7.83	0.20
23. 游客中心	7.17	0.19
24. 解说系统适时更新	7.50	0.20

（续表）

指　标	意见集中度	意见协调度
25. 总体旅游感受	8.17	0.16
26. 游客的重游意愿	7.17	0.19
27. 增长知识	6.67	0.17
28. 能顺利完成参观游览	7.50	0.23
29. 有愉快的参观体验	8.67	0.09

各指标所得分值的变异系数均在0～0.35之间，说明各指标专家意见的协调度较高。

4.3.3 运用德尔菲法进行第三轮专家咨询

4.3.3.1 建立景区解说系统评价指标

根据专家的讨论意见，按照指标所反映的问题范畴进行归类。同时，再采用半结构式访谈和参与式方法再次对指标进行优化，作以下调整：

(1)将“良好的服务技能”和“善于沟通”合并为“良好的解说技巧”；

(2)将“标识牌”指标调整为“种类齐全”；

(3)将“全景解说”、“空间引导”、“景区服务”、“安全警示”等指标合用指标“功能全面”表示；

(4)将“有愉快的参观体验”和“总体旅游感受”合并，用“总体旅游感受”。

形成表4－5旅游景区旅游解说系统评价一般指标。

表4－5　旅游景区旅游解说系统评价指标(第三轮)

主　题	指　标
解说员	1. 热情服务
	2. 业务熟练
	3. 丰富的景区知识
	4. 能提供不同层次的解说
	5. 良好的解说技巧

（续表）

主　题	指　标
解说设施	6. 设置与景观协调
	7. 数量合理
	8. 人性化设计
	9. 多语言解说
	10. 种类齐全
	11. 使用方便
解说信息	12. 功能全面
	13. 科学性
	14. 形象生动
	15. 简短、清晰
	16. 有吸引力
景区管理	17. 员工培训与管理
	18. 旅游景区网站
	19. 游客中心
	20. 解说系统适时更新
解说受众	21. 总体旅游感受
	22. 游客的重游意愿
	23. 增长知识
	24. 能顺利完成参观游览

4.3.3.2　设计专家问卷

本轮专家意见征询表(见附录三)分为三个部分。

第一部分是第二轮的专家问卷统计结果,为专家在填写第三轮问卷时提供参考。

第二部分是根据第二轮专家问卷统计结果调整的新的指标体系(共24个指标),并对指标的具体内涵进行解释,请专家根据旅游景区的特点,分别对指标的重要程度进行判断,最终确定旅游景区旅游解说系统的评价指标。

第三部分是一个开放性的问题，请专家对指标体系不合理之处做出修改和调整。

4.3.3.3　专家座谈

本次座谈，除了邀请部分对旅游解说系统有研究心得的旅游院校的专家外，还邀请了部分旅游规划公司参与解说系统策划的规划人员，以及有着丰富旅游经历的人员，共40人。座谈首先对景区解说系统的内涵、本次调查问卷各指标的具体内涵等进行解释，现场沟通后，请专家并按照Saaty的1~9标度法，对指标的相对重要程度进行打分，本次咨询发放问卷40份，回收38份，有效问卷37份，有效率达92.5%。

4.3.3.4　第三轮统计结果分析

根据第一轮的统计方法，分别计算旅游景区旅游解说系统评价指标的意见集中度和意见协调度（见表4-6），结果显示，各指标所得分值的变异系数均在0~0.25之间，说明，各指标专家意见的协调度较高。

表4-6　旅游景区旅游解说系统指标筛选

指　标	意见集中度	意见协调度
1. 热情服务	7.68	0.15
2. 业务熟练	7.47	0.17
3. 丰富的景区知识	7.89	0.16
4. 能提供不同层次解说	7.00	0.24
5. 良好的解说技巧	7.37	0.18
6. 设置与景观协调	6.53	0.24
7. 数量合理	6.53	0.24
8. 人性化设计	7.37	0.20
9. 多语言解说	6.37	0.24
10. 种类多样	6.32	0.25
11. 使用方便	7.11	0.20
12. 功能全面	7.00	0.24
13. 科学性	7.37	0.23
14. 形象生动	7.53	0.19

（续表）

指　标	意见集中度	意见协调度
15. 简短、清晰	7.26	0.21
16. 有吸引力	7.74	0.18
17. 员工培训与管理	7.37	0.22
18. 旅游景区网站	6.42	0.19
19. 游客中心	7.16	0.20
20. 解说系统适时更新	7.00	0.23
21. 总体旅游感受	7.74	0.18
22. 游客的重游意愿	7.74	0.17
23. 增长知识	7.53	0.18
24. 能顺利完成参观游览	7.74	0.16

4.3.3.5　旅游景区旅游解说系统评价指标框架确定

根据以上研究的结果，确定旅游景区旅游解说系统评价指标框架如表4-7。

表4-7　旅游景区旅游解说系统评价指标框架

目标	准则	指标
旅游景区旅游解说系统	解说员 A	A1. 热情服务
		A2. 业务熟练
		A3. 丰富的景区知识
		A4. 能提供不同层次的解说
		A5. 良好的解说技巧
	解说设施 B	B1. 设置与景观协调
		B2. 数量合理
		B3. 人性化设计
		B4. 多语言解说
		B5. 种类齐全
		B6. 使用方便

（续表）

目标	准则	指标
旅游景区旅游解说系统	解说信息 C	C1. 功能全面
		C2. 科学性
		C3. 形象生动
		C4. 简短、清晰
		C5. 有吸引力
	景区管理 D	D1. 员工培训与管理
		D2. 旅游景区网站
		D3. 游客中心
		D4. 解说系统适时更新
	解说受众 E	E1. 总体旅游感受
		E2. 游客的重游意愿
		E3. 增长知识
		E4. 能顺利完成参观游览

4.4 旅游景区旅游解说系统评价指标权重确定

4.4.1 专家咨询

在建立了旅游景区评价指标体系后，通过层次分析法（AHP）确定旅游解说系统评价指标的权重系数。具体步骤如下：

第一，根据建立的评价指标设计专家问卷（见附录四）；

第二，向旅游学、经济学、管理学、地理学、生态学等不同领域的专家寄发调查问卷40份，要求各专家就各项指标的重要程度分准则、分层次对指标进行两两比较并打钩。

4.4.2 数据分析

4.4.2.1 构造判断矩阵

层次分析法(AHP)一般采用 Saaty 等人提出的 1 ~9 尺度,比较尺度 a_{ij} 取值 1,2,…,9 及其互反数 1,1/2,…,1/9。

表 4-8 Saaty 的标度法

尺度 a_{ij}	1	2	3	4	5	6	7	8	9
$C_i:C_j$的重要性	相同		稍强		强		明显强		绝对强

$a_{ij}=1,1/2,\cdots,1/9 \sim C_i:C_j$ 的重要性与上面相反。

汇总各位专家的评议结果后,得到 6 个判断矩阵(见附录五)。

4.4.2.2 计算权向量并作一致性检验

运用 MATLAB7.5 软件,求解各矩阵的最大特征根和对应的特征向量,进行处理,并进行一致性检验,即引入判断矩阵最大特征根以外的其余特征根均值,作为度量判断矩阵偏离一致性的指标,记作

$$CI=\frac{\lambda_{max}-n}{n-2}$$

CI 越大,不一致越严重。为衡量 CI 的大小,引进随机一致性指标 RI,当阶数大于 2 时,判断矩阵的一致性指标 CI 与同阶平均随机一致性指标 RI 之比,记为一致性比率 CR=CI/RI,当 CR<0.10 时,认为其排序权重的结果有满意的一致性。

表 4-9 随机一致性参数 RI 表

n	1	2	3	4	5	6	7	8	9	10	11
RI	0	0	0.58	0.90	1.12	1.24	1.32	1.41	1.45	1.49	1.51

矩阵 1:"准则"判断矩阵

$$\lambda_{max}=5.1974 \qquad \text{特征向量}=\begin{bmatrix}0.3555\\0.2207\\0.1751\\0.0736\end{bmatrix}$$

CR=0.0437<0.1

矩阵 2:“解说员”判断矩阵

$$\lambda_{max}=5.3494 \quad 特征向量=\begin{bmatrix}0.1564\\0.1497\\0.2454\\0.1497\\0.2989\end{bmatrix}$$

CR=0.0779<0.1

矩阵 3:“解说设施”判断矩阵

$$\lambda_{max}=6.2733 \quad 特征向量=\begin{bmatrix}0.2169\\0.1825\\0.1542\\0.0723\\0.1081\\0.2661\end{bmatrix}$$

CR=0.0441<0.1

矩阵 4:“解说信息”判断矩阵

$$\lambda_{max}=5.4231 \quad 特征向量=\begin{bmatrix}0.1158\\0.4041\\0.1347\\0.1915\\0.1539\end{bmatrix}$$

CR=0.0488<0.1

矩阵 5:“景区管理”判断矩阵

$$\lambda_{max}=4.1545 \quad 特征向量=\begin{bmatrix}0.1296\\0.3031\\0.3889\\0.1783\end{bmatrix}$$

CR=0.0572<0.1

矩阵 6:“解说受众”判断矩阵

$$\lambda_{max}=4.1445 \qquad 特征向量=\begin{bmatrix}0.4874\\0.1625\\0.1266\\0.2234\end{bmatrix}$$

$CR=0.0572<0.1$

4.4.3　计算组合权向量并作组合一致性检验

通过相互比较确定各准则对目标的权重，及各指标对每一准则的权重，将上述两组权重进行综合，确定各指标对目标的权重，得到旅游景区旅游解说系统评价指标权重总序如表4－10。

表4－10　旅游景区旅游解说系统权重

一级指标	权重	二级指标	权重	总排序权重
解说员	0.3555	1. 热情服务	0.1564	0.0556
		2. 业务熟练	0.1497	0.0532
		3. 丰富的景区知识	0.2454	0.0872
		4. 提供不同层次解说	0.1497	0.0532
		5. 良好的解说技巧	0.2989	0.1063
解说设施	0.2207	6. 设置与景观协调	0.2169	0.0479
		7. 数量合理	0.1825	0.0403
		8. 人性化设计	0.1542	0.0340
		9. 多语言解说	0.0723	0.0160
		10. 种类多样	0.1081	0.0239
		11. 使用方便	0.2661	0.0587

（续表）

一级指标	权重	二级指标	权重	总排序权重
解说信息	0.1751	12. 功能全面	0.1158	0.0203
		13. 科学性	0.4041	0.0708
		14. 形象生动	0.1347	0.0236
		15. 简短、清晰	0.1915	0.0335
		16. 有吸引力	0.1539	0.0269
景区管理	0.1751	17. 员工培训与管理	0.1296	0.0227
		18. 旅游景区网站	0.3031	0.0531
		19. 游客中心	0.3889	0.0681
		20. 解说系统适时更新	0.1783	0.0312
解说受众	0.0736	21. 总体旅游感受	0.4874	0.0359
		22. 游客的重游意愿	0.1625	0.0120
		23. 增长知识	0.1266	0.0093
		24. 能顺利完成参观游览	0.2234	0.0164

运用公式 $CR=\frac{\sum_{j=1}^{m}a_j CI_j}{\sum_{j=1}^{m}a_j RI_j}$ 对指标体系权重总排序的一致性检验如下：

$CR=(0.3555\times0.0872+0.2207\times0.0547+0.1751\times0.0547+0.1751\times0.0515+0.0736\times0.0515)/(0.3555\times1.12+0.2207\times1.24+0.1751\times1.12+0.1751\times0.9+0.0736\times0.9)=0.0599<0.1$

表明总排序具有满意的一致性。

4.5 旅游景区旅游解说系统评价模型的建立

4.5.1 指标的量化及标准化处理

评价指标的获取依据旅游景区质量等级的划分和评定的国家标准、景区调查、游客打分和专家评定相结合的方法。

(1)对“解说员”、“解说设施”、“解说信息”、“解说受众”准则层中的各项指标主要采用景区调查和游客打分相结合的形式进行。首先将每项指标都分为5个等级,每个等级系数分别为1.0、0.8、0.6、0.4、0.2。通过景区实际调查,由游客打分,汇总游客的评分值,取其算术平均值即为该评价指标的评分值。

(2)对“景区管理”的“游客中心”依据GB/T 17775-2003《旅游区(点)质量等级的划分与评定》将指标分为优(A)、良(B)、中(C)、低(D)、差(E)5个等级,每个等级系数分别为1.0、0.8、0.6、0.4、0.2。(见表4-11)

表4-11 旅游景区游客中心评估标准

指标	评估标准				
	1.0	0.8	0.6	0.4	0.2
等级	优	良	中	低	差
游客中心	位置合理 规模适度 设施齐全 功能体现 充分咨询 服务人员 配备齐全 业务熟练 服务热情	位置合理 规模适度 设施齐全 功能完善 咨询服务 人员配备 齐全 业务熟练 服务热情	位置合理 规模适度 设施、功能 齐备 游客中心 有服务人员 业务熟悉 服务热情	有为游客提供 咨询服务的游 客中心或相应 场所 咨询服务人员 业务熟悉 服务热情	有为游客提 供咨询服务 的场所 服务人员 业务熟悉 服务热情

(3)对于“员工培训与管理”、“旅游景区网站”、“解说系统适时更新”等指标则采取景区调查和专家评定相结合的方法，首先将指标分为优(A)、良(B)、中(C)、低(D)、差(E)5个等级，每个等级系数分别为1.0、0.8、0.6、0.4、0.2(见表4-12)。然后由评估专家组(至少10人以上)的各位专家按照评价指标所考核的内容，进行打分，最后汇总各位专家的评分值，取其算术平均值即为该评价指标的评分值。

表4-12　旅游解说系统景区管理评估标准

指标	评估标准				
	1.0	0.8	0.6	0.4	0.2
	优(A)	良(B)	中(C)	低(D)	差(E)
员工培训管理	有完善、周密的培训计划 培训内容丰富形式多样 年培训>6次 培训考核及时反馈	有完整的培训计划 培训内容丰富形式多样 年培训3~6次 定期考核	有培训计划 培训内容形式多样 年培训1~3次 培训有考核	有培训安排 培训内容和安排不确定 培训有考核	有岗前培训 员工实施考核上岗
景区网站	网站包括最新信息、互动和娱乐 有导航条 图文并茂 分布合理 访问速度<1S 安全性高	网站能提供有价值积极信息 有导航条 图文并茂 分布合理 访问速度<1S 安全性较高	网站能提供景区大量信息 有导航条 图文并茂 分布较合理 访问速度<5S 安全性较高	能提供景区相关信息 有导航条 网页有图片 文字介绍 访问速度<8S 安全性较高	能提供景区有关信息 有导航条 有文本介绍 访问速度>8S 安全性较高
解说系统更新	系统更新频率				
	适时	3个月	6个月	1年	3年

4.5.2 旅游景区旅游解说系统评价模型建立

根据评价指标体系多层次的特点,采用多目标线性加权函数法建立旅游景区旅游解说系统评价模型:

$$S=\sum_{j=1}^{m}\left(\sum_{i=1}^{n}A_iB_i\right)C_j$$

式中:S—— 为总得分;

A_i—— 为第 i 个单项指标的分值;

B_i—— 为第 i 个单项指标的权重;

C_j—— 为第 j 个准则层的权重;

n—— 为指标个数,本模型取 24;

m—— 为准则层个数,本模型取 5。

4.5.3 旅游景区旅游解说系统评价等级的确定

旅游景区旅游解说系统评价指标体系中的每一个单项指标,都是从不同侧面来反映旅游景区旅游解说系统的开展情况。根据上述的评估模型,可以计算出被评估景区旅游解说系统的得分。将旅游景区旅游解说系统的评价划分为重建、提升、达标和优秀四个等级。这样就将旅游景区旅游解说系统的建设分割成可操作的阶段性目标,为那些得分不高的景区提供了激励和改进的途径,鼓励景区解说系统的持续改进。

表 4-13 旅游解说系统评价等级

得分	0.2~0.4	0.4~0.6	0.6~0.8	0.8~1.0
等级	重建	提升	达标	优秀

第5章 旅游景区旅游解说系统评价模型的应用研究

5.1 研究对象

本研究选取南京中山陵、南京总统府、南京玄武湖和南京中山植物园四个景区作为案例分析对象，各景区简况见表5－1：

表5－1 研究案例情况表

	南京中山陵	南京总统府	南京玄武湖	南京中山植物园
位置占地面积	南京市东郊	南京市长江路292号	南京城北 占地72公顷， 其中水面368公顷， 陆地104公顷	南京市东郊 占地186公顷
景区特色	牌坊、墓道、陵门、石阶、碑亭、祭堂和墓室	中西近代建筑	环洲、樱洲、菱洲、梁洲、翠洲等五块绿洲	10个专类园(区)、70万份馆藏标本；保存植物3000种以上
分类	国父孙中山先生的陵墓	中国近代史遗址博物馆	南京最大的综合性文化娱乐休息公园	中国最早加入“国际自然和自然资源保护联盟”的植物园

5.2 研究目的和意义

本研究选取南京中山陵、南京总统府、南京玄武湖、南京中山植物园进行实证研究，研究目的如下，第一，通过案例研究，检验第4章构建的旅游解说系统评价模型的可操作性；第二，针对目前旅游解说系统的评价研究中，少见完整的景区解说系统评价案例，本研究首次尝试用系统评价模型进行解说系统的进行实证分析；第三，得到4个景区的评估结果。通过评估，发现南京中山陵、南京总统府、南京玄武湖和南京中山植物园景区解说系统存在的问题，从而针对性地提出改进建议。

5.3 方法与步骤

本研究采用专家评分和游客打分相结合的方法进行实证研究，具体步骤如下：首先，本人带领调查研究小组（人数不少于10人），去中山陵、总统府、玄武湖和中山植物园4个景区考察，通过现场考察、与景区管理人员访谈等方式，了解旅游景区旅游解说系统的现状，结合4.5.1评价指标的打分标准，分别对4个景区的“景区管理”准则层中“游客中心、员工培训与管理、景区网站、解说系统更新”等指标进行打分；其次，采用发放问卷的方式，请游客分别对4个景区的“解说员、解说设施、解说信息以及解说受众”各准则层中的指标层进行打分，利用SPASS11.0统计软件对所得数据进行分析；第三，在此基础上，借助第4章构建的旅游景区旅游解说评价模型计算南京中山陵、南京总统府、南京玄武湖和南京中山植物园解说系统的评价结果。

5.4　旅游景区解说系统现状分析

5.4.1　向导式解说系统

据实际调查,南京中山陵、南京总统府和玄武湖景区都配备了专职讲解人员为游客提供全程讲解服务,其中,中山陵和总统府的景点解说员有专职解说和兼职解说两种,能为到访的旅游者提供中英文景点讲解,解说收费的标准根据人数、语种以及讲解的内容不同而有区别,以总统府为例,10 人以下全程 1 小时 40 分钟讲解中文收费 80 元,英文 150 元,10～20 人全程讲解中文收费 120 元,每位讲解员平均一天讲 4 场左右。由于来中山陵参观的外籍人士比较多,中山陵还配了日语、俄语、粤语解说员,可以满足不同层次的游客需求。南京玄武湖景区专职讲解员多使用景区游览车陪同游客游览景区五洲,在乘车观光的同时,向游客讲解环洲、梁州、翠洲、樱州和菱洲的自然景观、历史名胜,收费每人 20 元,含景区车费。这 3 个景区内也有大量组团旅行社提供现场导游讲解。南京中山植物园分南园与北园,北园主要用于教学科研、南园则多用于旅游休闲,但不论南园还是北园均没有专职的景点解说员。

5.4.2　自导式解说系统

5.4.2.1　标识牌

调查发现,目前南京中山陵景区、总统府景区、玄武湖景区以及中山植物园的自导式解说系统多以标识牌为主,景区宣传册及图书资料为辅。各景区结合游客需求和景区的实际情况,分批次设置了不同种类的标识牌(详见附录六)。现有标识牌在一定程度上展示了各旅游景区的旅游形象,保障了中外游客安全顺利地完成旅游活动,在引导游客欣赏旅游景区独具特色的自然景观和人文历史、认识景区、了解景区,提高了景区管理效率和促进南京旅游发展等方面发挥了重要作用。

表5－2　四个旅游景区标识牌现状

		南京中山陵		南京总统府		南京玄武湖		中山植物园(北)	
标识牌	分类	数量	合计	数量	合计	数量	合计	数量	合计
	吸引物解说	45	115	225	427	54	111	313	348
	管理服务设施	48		157		30		6	
	道路交通	17		45		27		27	
	公众信息资料	5		0		0		2	
叙述形式		大多采用文字叙述、景点解说牌和部分导示牌配有导览图							
文字		大多数为中英文对照,新建的牌示采用中、英、日、韩解说,中山植物园解说牌使用中文和拉丁文解说							
制作材料		天然石材、木材、金属、水泥、塑料和铝塑板							

(数据来源:根据实际调研整理)

现有标识牌内容大多数采用文字叙述形式,景点解说牌和部分导示牌配有游览示意图,部分景点景观配以汉语拼音,景点解说牌文字内容大多数为中英文对照,随着游客的增加,一些已开始使用中、英、日或韩语等多语言解说,所用材料主要是天然石材、木材、金属、水泥、塑料和铝塑板,由于标识牌是景区在不断建设过程中逐步安置的,式样各异,风格不一,有些使用年代已久,有些已经损坏,急需更新。

图5－1　景区部分标识牌

(资料来源:自摄)

从标识牌的构成发现,目前各景区大多关注吸引物解说,管理与服务设施解说与道路交通较少,公众信息资料则更少,尚不能很好地为游客发挥向导作用。调查组在南京中山陵景区设置的导游咨询台访谈时发现,由于中山陵是南京钟山风景区的重要组成部分,大部分游客参观后中山陵会继续前往灵谷寺等景区参观，但由于现场缺少交通导览图，有不少游客因搞不清方向前来咨询的。另外，在玄武湖和中山植物园也发现有类似现象。

5.4.2.2　景区宣传册

目前，南京中山陵在游客中心、景区入口处均有向游客免费提供的导游图，介绍整个钟山风景名胜区，包括中山陵景区、灵谷寺景区以及明孝陵景区的主要景点，中山陵景区小报亭也有关于孙中山和中山陵景区的介绍书籍和碟片，但据观察游客的购买量不是很大。南京总统府没有向游客提供免费的导游图和导游手册，在麒麟门的文史书店有关于总统府的书籍和光碟出售，但由于位置不太突出，游客不太容易发现；玄武湖和中山植物园对景区的介绍只在景区门票上找到。

5.4.2.3　电子语音导览器

目前，南京中山陵、总统府由于游客对景区讲解的依赖性较强，现在都开发了电子语音导览机，游客可以按游览时间租借，总统府收费标准每小时10元，中山陵每小时30元，但由于游客大部分跟团有自己的导游讲解，一些散客宁愿蹭团，也很少租借，景区里使用得不多。

5.4.2.4　其他

目前，在南京中山陵、总统府、玄武湖以及中山植物园景区的向导式解说中，除了标识牌、景区宣传册、电子语音导览器以外，还有一些其他种类的解说设施，如中山植物园的科普画廊、中山陵、总统府的历史图片展览，尤其是总统府内多处设置的解说沙盘对帮助游客增长知识，起到了很好的作用，因此，也备受游客青睐。

5.5　专家评定

根据第4.5.1中对景区管理评价指标的标准，本研究于2010年5~8月期间，分4次组织专家（每次不少于10人）对南京中山陵、总统府、玄武湖和中山植物园的游客中心、景区网站、解说人员的培训情况以及解说系统的更新进行实际调查，结合实际评价如下：

5.5.1 游客中心

现场调查表明,4 大景区中,南京中山陵的游客中心设置最全面,在景区大门外和景区入口处分设游客服务中心和导游服务中心,游客服务中心设有游客咨询台、电子触摸屏,宣传资料架等基本服务设施和咨询服务人员,墙上不仅有服务人员的展示图,还有南京钟山风景区旅游全景图、行李寄存服务说明、导游讲解收费说明等,可以免费为游客提供景区导游图、租雨伞、轮椅等服务,游客的使用频率也最高;入口处的导游服务中心,则为游客选择解说员提供了更专业的服务。

总统府游客中心内有咨询中心和服务人员,墙上有讲解服务收费中英文说明、导游人员手册展示,但其中的电子触摸屏、旅游资料介绍是南京市旅游局为宣传南京市旅游设的,其中没有具体针对总统府的介绍,也没有总统府的导游手册。从观察来看,到游客中心的游客非常少。大部分游客到南京总统府后买票后就直接进入景区游览,当遇到问题想找游客中心很困难。

玄武湖由于占地面积较大,其游客中心的设置采用了分散设置的方法,在环洲芳桥南侧、樱洲桥口、菱洲岸边都有游客服务中心,其功能更侧重于游船出租、景区咨询等功能,南京中山植物园由于没有专门的游客中心,游客中心的某些功能由大门售票处兼管,游客买过票后一般直接进景区游玩,但游玩中出现困难就很难找到帮助。

表5-3 景区游客中心比较

游客中心	南京中山陵	南京总统府	南京玄武湖	南京中山植物园
位置	景区外 景区入口处 景区内	大门广场右侧	环洲芳桥南侧 樱洲桥口 菱洲岸边	售票处
提供服务项目	旅游咨询 讲解服务 行李寄存	旅游咨询 讲解服务 便民服务	出租游船 旅游咨询	问讯服务
规模	大	适中	小	较小

5.5.2 景区网站

目前,南京中山陵景区、总统府、玄武湖和南京中山植物园均设有自己的网站,各景区根据自己的景区特色开设了相关栏目,网页设计图文并茂,包含了大量的信息,不仅详细地介绍了景区的最近动态、旅游资讯、风景区游览图、旅游服务等,还注意关注游客的需求变化,设置了互动留言板,充分利用网络与游客进行信息交流与反馈,极大地方便了将要前来旅游的游客,尤其是各网站开设的虚拟旅游不仅方便了将要前来旅游的游客,也使潜在游客能够领略景区优美的风景,以吸引其前来游览。比较 4 个网站发现:

南京中山陵注重宣传自己的民国文化和生态文化;南京总统府的版本最多,分设了中文简体版、繁体版,英语版、韩语版和日语版 5 个版本,开设了文史展览栏目,更偏于博物馆旅游,有别于其他景区;南京中山植物园的网站上对园区的介绍更多的是关于植物的科普信息,与其发展科普旅游的宗旨相一致,而南京玄武湖作为市民的休闲公园,网站设计展示更多的是旅游服务信息。

表 5-4 景区网站比较

	南京中山陵	南京总统府	南京玄武湖	南京中山植物园
网站	http://www.zschina.org.cn	http://www.njztf.cn	http://www.xuanwuhu.net	http://www.cnbg.net
版本	中文版、英文版	简体版、繁体版、英语版、韩语版和日语版	中文版	中文版
栏目	总统府概况 新闻动态 总统府游览 展览集萃 临时展览 旅游服务 互动你我 网上预订	新闻动态 景区介绍 旅游服务 电子商务 虚拟旅游 在线社区 在线服务 精彩视屏 规划保护	走进景区 景点介绍 历史沿革 新闻快讯 互动平台 服务指南 联系我们	植物园概况 专类园区 科普旅游 植物与生活 我眼中的植物园
网页	图文、音乐、视屏	图文、视屏	图文并茂	图文并茂
特色	明国文化、生态文化	文史展览	景区服务信息	植物科普知识

5.5.3 员工培训与管理

据实际调查，南京中山陵、南京总统府和玄武湖景区都配备了专职讲解人员为游客提供全程讲解服务，南京中山植物园由于以教学科研为主、旅游休闲为辅，没设专职的景点解说员。

调查组在与景区管理人员的访谈中发现，无论是中山陵、总统府还是玄武湖，对景区的解说员都很重视培训，通常分为岗前培训、在职培训以及专业培训等，尤其重视岗前培训，解说员上岗前都必须经过严格的专业培训、考核合格后才能上岗，上岗后，还会定期请业内专家对员工进行专业培训，培训形式主要有淡季培训、专题讲座、外出进修以及参加各项竞赛等，培训内容包括普通话、景区历史、建筑文化、园林植物等，授课形式传统和现代相结合。专业培训不仅保证了解说员的解说质量，也极大地提高了景区的旅游形象。

5.5.4 解说系统的及时更新

景区解说系统的更新，本研究小组从解说牌、解说设施以及景区网站的更新频率等方面进行调查评判，通过近 2 个月的景区调查，发现各景区的解说设施均有不同程度的更新，但由于解说标识牌是景区在不断建设过程中逐步安置的，式样各异，风格不一，有些使用年代已久，有些已经损坏，急需更新。

5.5.5 专家评分

本研究邀请项目调查组成员结合调查的现状，对照 4.5.1 设置的标准对 4 个景区解说系统目标中“景区管理”准则层中“员工培训与管理、旅游景区网站、游客中心以及解说系统更新”4 个指标根据优(A)、良(B)、中(C)、低(D)、差(E)5 个等级，每个等级系数分别为 1.0、0.8、0.6、0.4、0.2 进行评分，汇总各专家的评分，取其几何平均值，得到各分指标结果如下(表 5-5)：

表5－5　景区管理各分指标专家评分

景区管理	得　分			
	南京中山陵	南京总统府	南京玄武湖	南京中山植物园
员工培训与管理	0.78	0.76	0.72	0.28
旅游景区网站	0.80	0.86	0.68	0.54
游客中心	0.84	0.68	0.64	0.20
解说系统适时更新	0.60	0.44	0.42	0.52

（数据来源：根据实际调研整理）

5.6　游客打分

5.6.1　问卷设计

本研究根据对游客的基本特征与解说系统评价指标，结合对游客的观察，设计游客调查问卷。问卷（见附录六）由三个部分组成：

第一部分：游客对景区旅游解说系统的评价。该部分是本调查问卷的重点部分。包括20个评价指标。按照优（A）、良（B）、中（C）、低（D）、差（E）5个等级进行测量，每个等级系数分别为1.0、0.8、0.6、0.4、0.2进行评价。

第二部分：游客到景区参观的行为调查。包括游客来景区参观的旅游目的、次数、参观人数、旅游同伴以及对景区解说系统利用的情况调查。

第三部分：对游客基本情况的调查。包括游客的性别、年龄、职业、受教育程度，月收入、家庭结构以及住址的调查。

5.6.2　样本与抽样方法

本研究的调查问卷中涉及20个对旅游景区解说系统进行评价的变量，根据Gorsuh（1983）的观点，样本量与变量数的比例应在5∶1以上，实际上理想的样本数应为变量数的10～25倍，因此，为达到较好的效果，本次调研的有效问卷拟达到变量数的10倍，即200份以上。

5.6.3 景区调研

景区调研分为两个步骤进行分：

第一步，选取南京总统府、南京中山植物园景区进行试调查，在充分征求游客意见的基础上，结合调查的情况，修改调查问卷，确定正式调查问卷。

第二步，正式调研，各抽近 1 个月的时间分别在南京中山陵、南京总统府、南京玄武湖以及南京中山植物园进行实地调研，调查采取问卷与观察相结合的方式先确认游客已经参观了南京中山陵（南京总统府、南京玄武湖、中山植物园），然后请游客分别对南京中山陵、南京总统府、南京玄武湖、南京中山植物园解说系统中“解说员”准则中“热情服务、业务熟练、丰富的景区知识、能提供不同层次的解说、良好的解说技巧”5 个指标；解说设施准则下“设置与景观协调、数量合理、人性化设计、多语言解说、种类齐全、使用方便”6 个指标；解说信息准则下“功能全面、科学性、形象生动、简短清晰、有吸引力”5 个指标；解说受众准则层下“总体旅游感受、游客的重游意愿、增长知识、能顺利完成参观游览”4 个指标，共 20 个指标进行评价，并当场回收。为提高问卷的有效性和正确性，游客对问卷有不理解的地方，调查者立即予以解释，对于团体游客，则以不超过四分之一的原则进行问卷调查。各景点发放游客问卷的情况如表 5－6。

表 5－6　各景点发放问卷情况统计

	南京中山陵	南京总统府	南京玄武湖	南京中山植物园
发放地点	祭堂 陵门 博爱广场	子超楼 煦园 门楼	玄武门 莲花广场 樱洲长廊	桥世界 科普长廊 热带植物馆
发放问卷（份）	290	303	240	300
回收问卷（份）	251	295	214	278
有效问卷（份）	225	272	206	267
有效率（%）	89.6	92.2	96.3	96.0

（数据来源：根据实际调研整理）

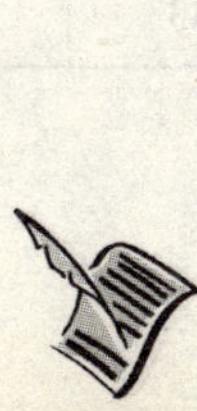

5.6.4 游客评分

运用SPASS11.0统计软件分析景区调查中回收的有效问卷，分别计算游客对南京中山陵、南京总统府、南京玄武湖以及南京中山植物园4个景区解说系统评价体系中20个指标的算术平均值，得到游客对4个景区旅游解说系统评价体系中20个评价指标的得分（如表5-7）。

表5-7 游客评分结果

准则层	指标层	得分			
		南京中山陵	南京总统府	南京玄武湖	南京中山植物园
解说员	热情服务	0.6295	0.3306	0.4908	0.1333
	业务熟练	0.6153	0.3420	0.4649	0.1404
	丰富的景区知识	0.6383	0.3378	0.4714	0.1544
	能提供不同层次的解说	0.5760	0.3130	0.4400	0.1263
	良好解说技巧	0.6153	0.3223	0.4622	0.0234
解说设施	设置与景观协调	0.7432	0.7927	0.7795	0.7825
	数量合理	0.7246	0.7813	0.7157	0.7602
	人性化设计	0.7399	0.7813	0.7330	0.7485
	多语言解说	0.6481	0.7244	0.5827	0.7556
	种类多样	0.7027	0.7596	0.6789	0.8187
	使用方便	0.7279	0.7876	0.7330	0.7684
解说信息	功能全面	0.7410	0.7544	0.7189	0.8094
	科学性	0.7180	0.7451	0.7016	0.8234
	形象生动	0.7355	0.7637	0.7005	0.7474
	简短、清晰	0.7388	0.7876	0.7232	0.7766
	有吸引力	0.7333	0.7648	0.7200	0.7766

（续表）

准则层	指标层	得分			
		南京中山陵	南京总统府	南京玄武湖	南京中山植物园
解说受众	总体旅游感受	0.7913	0.7990	0.7849	0.8164
	游客重游意愿	0.7377	0.7399	0.7114	0.8023
	增长知识	0.7896	0.8145	0.7092	0.8152
	能顺利完成参观游览	0.8120	0.8259	0.7751	0.8105

（数据来源：根据实际调研整理）

5.7 评估结果

5.7.1 评估得分

运用第4章研究的旅游景区旅游解说系统评价模型，结合专家评定和游客打分的结果，运用SPASS11.0统计软件进行数据计算，得到对南京中山陵、南京总统府、南京玄武湖和南京中山植物园解说系统的评价结果如表5－8。

表5－8　4个景区旅游解说系统估得分

		南京中山陵	南京总统府	南京玄武湖	南京中山植物园
准则层（得分）	解说员	0.61732	0.3290	0.4660	0.1057
	解说设施	0.7240	0.7791	0.7233	0.7715
	解说信息	0.7294	0.7598	0.7104	0.7954
	景区管理	0.7772	0.6943	0.6232	0.3704
	解说受众	0.7869	0.7973	0.7611	0.8126
总得分（S）		0.7010	0.6163	0.6148	0.4718

5.7.2 结果分析

表5-8显示，南京中山陵景区解说系统评价得分为0.7010、南京总统府景区解说系统评价得分为0.6163、玄武湖景区旅游解说系统评价得分为0.6148，南京中山植物园的解说系统评价得分为0.4718，根据旅游景区旅游解说系统评价标准，南京中山陵、南京总统府、南京玄武湖景区的旅游解说系统均达标，南京中山植物园解说系统需要提升。

从准则层的得分来看，南京中山陵景区“解说员”准则层的得分为0.6173，远高于其他3个景区，结合表5-7各指标层的得分，表明南京中山陵景区解说员的服务态度、业务熟练程度、景区专业知识以及在解说技巧等方面均远高于南京总统府、玄武湖和中山植物园景区，但根据旅游景区旅游解说系统评价等级，南京中山陵景区的解说员只达标，距离优秀仍有差距；而南京中山植物园由于没有专职解说员，其“解说员”准则层的得分只有0.1057，急需重建；

南京中山陵、南京总统府、南京玄武湖和南京中山植物园景区“解说设施”准则层的得分均在0.7~0.8之间，根据旅游景区旅游解说系统评价等级，说明现阶段各个旅游景区的解说设施均达标，结合表5-7各指标层的得分，说明南京玄武湖景区的“多语言解说”比其他3个景区的略差，需提升。

南京中山植物园的“解说信息”准则层得分为0.7954，略高于其他3个景区，根据旅游景区旅游解说系统评价等级，现阶段4个景区的解说信息均达标。结合表5-7各指标层的得分，表明南京中山植物园的解说信息在“功能全面”、“科学性”方面达到优秀，南京玄武湖景区的解说信息在“形象生动、简短清晰”方面略微低于其他3个景区。

南京中山陵景区的“景区管理”准则层得分为0.7772，稍高于南京总统府景区和南京玄武湖景区，远高于南京中山植物园，根据旅游景区旅游解说系统评价等级，除了南京中山植物园的景区管理需要重建外，其他3个景区均达标。结合表5-5各指标层的得分，南京中山陵景区的“游客中心”和“旅游景区网站”均达到优秀，需要在“解说系统适时更新”方面提高；南京总统府景区的“旅游景区网站”得分最高，但“游客中心”、“解说系统适时更新”方面要提升；南京中山植物园由于未设“游客中心”、没有专职的解说人员，因此“员工培训与管理”、“游客中心”指标层得分偏低，急需重建。

表5－7、5－8显示，南京中山陵、南京总统府、南京玄武湖和南京中山植物园景区的“解说受众”目标层、各指标层得分均在0.8左右，表明现阶段各景区旅游解说系统帮助游客顺利完成参观游览、增长知识等方面均起到了很好地作用。

5.8 本章小结

本章依据第4章构建的旅游景区旅游解说系统评价模型，选取南京中山陵、南京总统府、南京玄武湖和南京中山植物园4个各具代表性的旅游景区进行案例研究，主要工作总结如下：

(1)证明了旅游解说系统评价指标体系的系统性。旅游景区旅游解说系统是一个有序的整体，各要素之间相互依存，协同发展。通过实际调查和案例分析，证明了第4章设计的旅游解说系统评价指标设计层次分明，基本符合解说系统的评价目标，能反映旅游解说系统的总体特征，符合旅游解说的内涵。

(2)通过案例研究，对评价模型的可操作性进行了检验。本研究采用定性与定量相结合的方法，通过专家评定、游客打分对第4章设计的24个评价指标进行了打分，在计算各指标的评分后，结合权重，最后得出评价结果，实际运用基本符合实际情况。另外，4个不同类型的、具有代表性的案例比较，也表明了评价模型的适用面比较广泛。

(3)指标的标准化有待提高。本研究发现游客在接受问卷调查时，部分被调查者对某些评价指标的内涵理解不透，需要调查人员进行解释；另外请专家对“景区管理”准则层评判时，对“员工培训与管理”、“游客中心”、“景区网站”、“解说系统的适时更新”等指标的量化有一定的难度，评价存在一些主观上的偏差。

(4)评估结果显示：南京中山陵景区解说系统评价得分为0.7010、南京总统府景区解说系统评价得分为0.6163、玄武湖景区旅游解说系统评价得分为0.6148，南京中山植物园的解说系统评价得分为0.4718，依据旅游景区旅游解说系统评价标准，南京中山陵、南京总统府、南京玄武湖景区的旅游解说系统均达标，南京中山植物园解说系统需要提升。

第6章　游客对解说系统评价的影响因素分析

6.1　研究目的和意义

旅游解说系统是旅游目的地的一种管理新手段，是旅游景区之间竞争的一种重要的营销工具，是旅游景区改善景区环境、提高游客满意度的一种管理方式，为充分挖掘解说系统在旅游景区中的管理作用，本章拟结合第5章游客对旅游景区解说系统的评价调研问卷，对影响游客评价解说系统的因素进行分析，以期为旅游景区旅游解说系统的可持续发展提供科学的依据。

6.2　研究方法

采用描述性统计和多元回归的方法对调查的样本进行特征描述和多元回归分析。主要分两个步骤：

第一步，描述性统计，运用SPASS11.0统计软件，根据各景点回收的有效问卷，对来南京中山陵、总统府、玄武湖以及中山植物园的游客特性进行描述分析，包括游客的社会经济背景属性、参观特征，以便了解旅游景区游客的行为规律。

第二步，多元回归分析，在SPASS中选择回归分析，选取表4－7旅游景区旅游解说系统评价指标框架中20个评价指标作为因变量，把游客的性别、受教育程度、年龄、月收入作为自变量，对影响游客对指标评价的因素进行分析，并对同一指标在4个景区的显著性进行解释分析。

6.3 样本特征

6.3.1 人口统计学特征

6.3.1.1 性别

根据被调查游客性别统计表(见表 6-1),男性游客高于女性游客,这与一般景区调查结果类似。一方面可能与男性游客出游机会比女性多有关,另一方面可能与男性游客比较愿意配合问卷调查有关。但总统府参观者男性比女性高出 23.4 个百分点,可能与男性游客对明国文化、建筑等历史资源比较感兴趣,对结果带来一定的偏差。

表 6-1 游客性别统计表

性别	南京中山陵(%)	南京总统府(%)	南京玄武湖(%)	南京中山植物园(%)
男性	52.7	61.7	55.3	58.7
女性	47.3	38.3	44.7	41.3
总数	100.0	100.0	100.0	100.0

(数据来源:根据实际调研整理)

6.3.1.2 年龄

根据游客年龄统计表(见表 6-2),26~35 岁、18~25 岁以及 36~45 岁三个年龄段的游客,占大多数,分别占被调查者前三名,占大多数。18~45 岁的游客百分比中山陵达到 86.6%、总统府达 87.6%、玄武湖达到 75.2%、中山植物园达 82.5%,说明来景区旅游的游客还是以中青年为主,调查中,老年游客由于身体和视力的原因拒绝参与调查的较多,因此也会对调查结果产生一定影响。但调查发现玄武湖 60 岁以上的游客明显高于其他景区,说明更多的老年市民会选择玄武湖休闲。

表6-2　游客年龄统计表

年龄	南京中山陵(%)	南京总统府(%)	南京玄武湖(%)	南京中山植物园(%)
18~25岁	29.0	33.6	21.4	27.1
26~35岁	37.5	26.6	34.9	33.1
36~45岁	20.1	27.4	18.9	22.3
46~60岁	9.9	10.2	6.8	12.3
60岁以上	3.5	2.2	18.0	5.2
总数	100.0	100.0	100.0	100.0

(数据来源:根据实际调研整理)

6.3.1.3　职业

根据游客职业统计表(见表6-3),排在前几位的被调查者的职业为学生、企业管理人员、工人、服务业人员和公务员。被调查者中,来中山陵、总统府参观的游客大多以团队形式出现,所以企业职员、管理人员以及公务员都有可能以参团形式出来旅游,去中山植物园的学生、企业管理人员较其他职业多,而玄武湖景区中则以退休人员、销售人员、企业管理人员和学生排在前几位,这表明更多的游客会选择自然景区进行休闲放松,而学生是一个新兴的旅游群体,他们求知欲望强烈,无论是自然资源丰富的旅游景点、还是富含历史文化的旅游景点对他们都很有吸引力。

表6-3　游客职业统计表

分类	南京中山陵(%)	南京总统府(%)	南京玄武湖(%)	南京中山植物园(%)
工人	12.0	9.9	7.3	5.2
农民	2.5	1.5	0.0	2.6
军人	2.1	2.9	2.4	0.0
学生	17.0	20.4	14.6	19.3
服务业人员	7.1	8.8	6.8	7.1
教师	4.9	6.2	5.8	4.8
自由职业者	10.6	5.8	7.8	6.7
企业管理人员	19.4	15.7	11.2	18.6

（续表）

分类	南京中山陵（%）	南京总统府（%）	南京玄武湖（%）	南京中山植物园（%）
公务员	7.1	8.8	5.4	12.3
文体工作者	3.5	2.2	3.9	6.3
销售人员	5.3	5.1	17.0	9.7
退休	3.5	6.9	17.0	4.1
其他	5.0	5.8	5.8	3.3
总数	100.0	100.0	100.0	100.0

（数据来源：根据实际调研整理）

6.3.1.4　受教育程度

表6－4　游客受教育程度统计表

分类	南京中山陵（%）	南京总统府（%）	南京玄武湖（%）	中山植物园（%）
小学及以下	1.4	1.1	1.9	1.8
初中	6.0	1.5	2.4	1.5
高中	13.1	11.7	18.0	14.9
大专及本科	70.3	74.0	70.4	69.9
硕士及以上	9.2	11.7	7.3	11.9
总数	100.0	100.0	100.0	100.0

（数据来源：根据实际调研整理）

根据游客受教育程度统计（见表6－4），被调查者的学历集中在大专及本科，占70%左右；其次，是高中以上学历，达12%～18%，这表明，受教育程度越高，游客的出游愿望也越高。被调查的4个旅游景区中，参观南京总统府、南京中山植物园的游客中硕士以上约占12%，可见受教育程度高的游客对历史文化型、科普型旅游资源更感兴趣。

6.3.1.5　收入状况

根据游客月收入分布表(见表6-5),发现南京中山陵、总统府、玄武湖、中山植物园主要游客群体是2501~4000元的中低收入者,占总数的31%~39%之间,除了南京总统府以外,其他3个景区的游客月收入达1001~2500元也占31%,可见1001~4000元之间的游客是景区的主要客源,游客是大多数收入不高的群体。至于南京总统府景区游客的收入分布相对比较均匀,本调查组访谈中发现许多游客认为南京总统府的票价比其他景区更物有所值,可能与此有关。

表6-5　游客月收入统计表

分类	南京中山陵(%)	南京总统府(%)	南京玄武湖(%)	南京中山植物园(%)
1000元及以下	20.1	24.1	14.6	19.0
1001~2500元	31.5	22.6	32.0	31.2
2501~4000元	31.8	31.4	38.3	39.0
4000元及以上	16.6	21.9	15.1	10.8
总数	100.0	100.0	100.0	100.0

(数据来源:根据实际调研整理)

6.3.1.6　家庭结构

根据游客家庭结构统计表(表6-6),占调查游客总数前两位的是单身游客和已婚有小孩还未成年的,这两部分游客占游客总数的比例,中山陵达66.1%、总统府达到73.3%、玄武湖占61.2%、中山植物园占62.5%,占大多数,说明家庭结构也会影响游客的出行。但比较调查的4个景区,发现到南京中山陵、南京总统府参观的单身游客比例要高于已婚但小孩未成年的,而来南京玄武湖景区和中山植物园的已婚但小孩未成年的比例要高于单身的,可见,单身游客比较喜欢历史文化景区,已婚但小孩未成年的游客会举家前来景色优美、风光迷人的景区休闲度假。

表 6-6 游客家庭结构统计表

分类	南京中山陵（%）	南京总统府（%）	南京玄武湖（%）	中山植物园（%）
单身	37.8	39.7	26.2	29.4
已婚无小孩	10.6	9.5	11.7	20.4
已婚小孩未成年	28.3	33.6	35.0	33.1
已婚小孩已成年	13.8	8.8	6.8	10.4
三代同堂	9.5	8.4	20.3	6.7
总数	100.0	100.0	100.0	100.0

（数据来源：根据实际调研整理）

6.3.1.7 住址

根据游客住址统计表（表 6-7），被调查的游客主要来自城市，其中到南京玄武湖和南京中山植物园参观的城市居民的比例高达 86% 以上，表明公园和花园已成为城市市民度假休闲的首选胜地。相比较而言，郊区和农村占比要少许多，两者总和在 20% ~30% 之间。表 6-7 显示，到南京总统府参观的游客中，郊区和农村的游客比例高于其他 3 个景区，这和前面调查的游客收入情况一致。

表 6-7 游客住址统计表

分类	南京中山陵（%）	南京总统府（%）	南京玄武湖（%）	南京中山植物园（%）
城市	79.9	71.5	88.8	86.6
郊区	12.7	19.7	9.2	11.5
农村	7.4	8.8	2.0	1.9
总数	100.0	100.0	100.0	100.0

（数据来源：根据实际调研整理）

6.3.2 游客的参观特征

6.3.2.1 游客的参观次数（含本次）

根据游客参观次数统计表（表 6-8），被调查游客中，大部分游客都是第 1 次参观南京中山陵、总统府及中山植物园，其中第 1 次参观南京中山陵的达到 60% 左右，可见中山陵已成为大多数游客首选的景点，第 2 次来中山陵、总统府及中山植物园参观的游客达到20%左右，位居第二，而第3次或来过3次以上参观中山陵、总统府及中山植物园的游客，主要是陪亲友来参观的较多，多为南京市居民，也有导游。与一般景区不同的是，参观玄武湖3次以上的游客则近50%，以南京市民为多，而第1次、第2次和第3次参观的游客均占16%左右，比较均衡。

表6-8 游客参观次数统计表

分类	南京中山陵(%)	南京总统府(%)	南京玄武湖(%)	南京中山植物园(%)
1次	62.2	56.6	18.9	42.0
2次	18.7	24.4	15.5	23.4
3次	5.7	9.5	16.5	16.0
3次以上	13.4	9.5	49.1	18.6
总数	100.0	100.0	100.0	100.0

(数据来源:根据实际调研整理)

6.3.2.2 游客结伴参观人数

根据与游客一起参观景区的人数统计表(表6-9)，被调查的游客中3~6人结伴一起参观的人最多，玄武湖3~6人结伴一起参观的占领近三分之二，中山植物园则占了近一半，中山陵和总统府3~6人结伴同游的也占游客的三分之一；其次是2人同游的，表明游客大多结伴而来一同参观，在观看过程中常常与同伴交流讨论，气氛比较轻松和谐。

表6-9 游客结伴参观人数统计表

分类	南京中山陵(%)	南京总统府(%)	南京玄武湖(%)	南京中山植物园(%)
1人	5.3	11.3	5.8	13.0
2人	21.2	27.1	27.7	24.5
3~6人	36.1	35.0	63.6	49.1
7~10人	8.1	4.7	0.5	8.9
11人以上	29.3	21.9	2.4	4.5
总数	100.0	100.0	100.0	100.0

(数据来源:根据实际调研整理)

6.3.2.3 游客参观形式

根据游客同伴统计表(见表6-10)，被调查游客中，游客的同伴主要是朋友和家人,其中朋友和家人一起参观总统府和中山陵的达60%以上,参观中山植物园的占75.8%、参观玄武湖的占92.2%,相比较而言,单位组织和旅行社组织却较少,可见来景区旅行的游客中,散客已越来越多。

表6-10　游客参观形式统计表

分类	南京中山陵(%)	南京总统府(%)	南京玄武湖(%)	南京中山植物园(%)
自己一人	5.0	11.3	5.8	13.0
家人	28.6	32.8	56.8	37.9
朋友	33.6	28.5	35.4	37.9
旅行社组织	12.0	11.7	1.5	0.0
单位组织	20.8	15.7	0.5	11.2
总数	100.0	100.0	100.0	100.0

(数据来源:根据实际调研整理)

6.3.2.4　游客参观目的

根据游客参观目的统计表(见表6-11),游客来景区参观的目的主要是放松心情、增进亲友感情和兴趣爱好,这表明游客来景区主要是放松精神和缓解压力。在被调查的游客中,有部分游客认为景区参观的目的是多重的,虽然可能会因工作需要、或增进亲友感情进园参观,但同时也认为进景区参观可以达到学习和娱乐的目的。

表6-11　游客参观目的统计表

分类	南京中山陵(%)	南京总统府(%)	南京玄武湖(%)	南京中山植物园(%)
放松心情	36.6	34.1	54.7	34.4
增广见闻	31.0	35.9	8.0	17.9
打发时间	8.0	5.6	15.2	12.6
兴趣爱好	8.2	9.1	5.8	10.7
增进亲友感情	10.3	10.0	15.9	18.8
工作需要	5.9	5.3	0.4	5.6
总数	100.0	100.0	100.0	100.0

(数据来源:根据实际调研整理)

6.3.2.5　游客的参观路线

观察中发现，游客在景区的参观路线会根据景区的布局不同而呈现不同的方式，总结如下：

第一，直线型，以中山陵景区为代表。中山陵是国父孙中山的陵墓，整个建筑群依山势而建，主要建筑牌坊、墓道、陵门、石阶、碑亭、祭堂和墓室等由南往北沿中轴线逐渐升高，游客沿着中轴线一路参观到顶，原路返回，不会遗漏任何景点。

第二，T 型线，以总统府景区为例。现场观察发现去总统府参观的游客进门后绝大多数沿门楼—大堂—麒麟门—子超楼直线方向进行参观，但参观后子超楼后是向东还是向西则不一致了，团队游客有先玩东线的、也有先玩西线的，一般由导游决定，而一些散客则会根据自己的空间习惯确定行走方向。但由于地方比较大，无论是旅行社组团游还是自助游，总会遗漏一些旅游线路。

第三，选择性参观，以玄武湖和中山植物园景区为例。根据观察，这类景区由于面积较大，游客会选择性参观，通常更青睐一些休闲放松的景点。如玄武湖的游线分 A 线（玄武门—假山瀑布—郭璞墩—莲花港观鱼池—喇嘛庙—莲花广场—芳桥—湖神庙—铜钩井—闻鸡亭—友谊厅—览胜楼—盆景馆）和 B 线（玄武门—假山瀑布—郭璞墩—莲花港观鱼池—喇嘛庙—莲花广场—樱洲长廊—月季园—双龙戏珠—鸟类生态园—武庙闸），但现场发现大部分游客都会在莲花广场逗留较长时间，相对应南京中山植物园的桥世界也是大部分游客必到的地方，尤其是结伴一同前来观光的游客 。

6.3.2.6　游客观看的时间

由于南京中山陵、总统府、玄武湖以及中山植物园景区的入口处均有景区全景图、景区旅游指南，调查组分别在 4 个景区的入口处观察，发现不论是哪个景区，游客刚进入大门时，大多快速大范围的扫视，对展品的观察比较仔细，其关注程度要高于解说牌，而对解说牌的关注程度则又高于景区全景图，4 个景区中游客对中山陵、总统府的景区导览图的关注程度又高于玄武湖和中山植物园景区。

解说的目的是希望游客了解景区的文化内涵，加深对景区的印象，游客对解说设施的观看时间长短主要取决于解说设施的吸引力，好的解说设施不仅能够吸引更多的游客驻足观看，还能更好地传达解说信息。笔者选择南京中山陵的碑亭在对 100 名游客行为的观察记录，发现有 25% 的人会前来观看解说设施，观看的时间一般不超过 3 分钟，其中男性游客较女性游客略多。

表 6－12 游客观看时间

男性与女性比例	1∶0.8
观看时间	不超过 3 分钟
观看频数	25%

（数据来源：根据实际调研整理）

6.4 回归分析

回归结果显示，5 个指标比较显著受到个人特征的影响，分别报告如下：

（1）对指标 A3－丰富的景区知识影响分析

表 6－13 显示，游客的受教育程度、年龄和月收入对指标 A3－丰富的景区知识的影响显著。

在中山陵、总统府等人文类历史景区中，受教育程度越高的游客对解说员丰富的景区知识打分越高，表明一般到这类景区参观的游客对历史资源比较感兴趣，来景区参观的目的除了放松心情外，更多的是带着增广见闻为主，这与表 6－11 游客参观目的统计一致；游客年龄越大，对解说员丰富的景区知识打分越低，表明年龄越大对解说员的景区知识的认同感越不强，原因可能对讲解的内容不太感兴趣、也可能不理解解说员的讲解内容。

而在中山植物园科普类的景区中，男性游客对解说员丰富的景区知识要求要高于女性，表明男性游客对植物园相关的景区知识比女性感兴趣；受教育程度越高对解说员丰富的景区知识打分越高，这与中山陵景区和总统府的分析结果一致，表明越来越多的游客已经不再把旅游当做是一种游山玩水的娱乐，而把它作为学习知识和提高自己素养的一种有效途径；与中山陵和总统府不一样的，植物园的评价中，游客年龄越大，对解说员丰富的景区知识打分越高，表明年龄大的游客比年纪轻的游客对植物资源更感兴趣；而月收入越高的游客反而对解说员丰富的景区知识打分不高，表明收入高的群体出行的目的更看重休闲放松，与大自然的亲密结合。

表6－13　对指标 A3－丰富的景区知识回归结果

丰富的景区知识	南京中山陵	南京总统府	南京玄武湖	南京中山植物园
性别	0.0101 （0.0656）	−0.0493 （0.1743）	−0.0846 （0.2126）	−0.3576 * （0.2083）
受教育程度	0.3173 ** （0.1288）	0.3381 *** （0.1285）	−0.0936 （0.1636）	0.3055 * （0.1665）
年龄	−0.1796 *** （0.0667）	−0.1744 ** （0.0877）	−0.0465 （0.0781）	0.2736 ** （0.1146）
月收入	0.1427 （0.1000）	0.0320 （0.0738）	0.1693 （0.1460）	−0.2995 ** （0.1333）
样本数	225	272	206	267

（注：*、** 和 *** 分别表示在 10%、5% 和 1% 的水平上显著）

（2）对指标 B1－设置与景观协调评价的影响分析

表6－14　对指标 B1－设置与景观协调回归结果

设置与景观协调	南京中山陵	南京总统府	南京玄武湖	南京中山植物园
性别	0.0033 （0.0775）	0.2234 （0.1927）	−0.1469 （0.2002）	0.0568 （0.2203）
受教育程度	−0.1007 （0.1522）	0.2204 （0.1420）	−0.2239 （0.1540）	0.1788 （0.1761）
年龄	0.0879 （0.0788）	−0.0481 （0.0969）	0.1328 * （0.0735）	0.2125 * （0.1212）
月收入	0.1346 （0.1182）	0.0213 （0.0815）	0.1571 （0.1375）	−0.0342 （0.1410）
样本数	225	272	206	267

（注：*、** 和 *** 分别表示在 10%、5% 和 1% 的水平上显著）

表6－14 显示，游客的年龄对指标 B1－设置与景观协调的影响显著。

在游客对玄武湖和中山植物园的解说系统的评价中，年龄越大，对解说设施的设置是否与景观协调打分越高，结合表6－2 游客的年龄统计、表6－6 游客的家庭结构统计，表6－11 游客的参观目的统计，表明以已婚小孩未成年的家庭举家前来类似玄武湖和中山植物园以自然资源为主要吸引物的景区参观时，以放松心情为主要游览目的，所以在欣赏自然风光、优美景色的同时，更注重解说设施与整体景观的协调性。

(3)对指标 B5-种类多样评价的影响分析

表6-15 显示，游客的年龄、月收入对指标 B5-种类多样的影响显著。

表6-15　对指标 B5-种类多样回归结果

种类多样	南京中山陵	南京总统府	南京玄武湖	南京中山植物园
性别	-0.0196 (0.0813)	0.1734 (0.2119)	-0.0469 (0.2412)	-0.0785 (0.2266)
受教育程度	-0.0425 (0.1597)	-0.0531 (0.1562)	0.1259 (0.1856)	0.1364 (0.1811)
年龄	0.3532 *** (0.0826)	-0.0463 (0.1066)	0.1537 * (0.0886)	0.2630 ** (0.1247)
月收入	0.2450 ** (0.1240)	0.0640 (0.0897)	-0.1800 (0.1657)	-0.1193 (0.1451)
样本数	225	272	206	267

(注：*、** 和 *** 分别表示在10%、5%和1%的水平上显著)

在对中山陵解说设施的种类多样评价时，游客的年龄越大，对解说设施的种类多样评分越高，结合表6-14 游客的年龄越大，对 A3(丰富的景区知识)评价不高，表明到人文历史景区游玩的游客，年龄越大，越希望使用景区多种解说设施，来完成自己的游览，而不是只依托解说员；月收入越高的游客对种类多样的评分越高，表明有一定收入基础的游客为满足自己的个性化需求，更会寻求多种解说服务。

而玄武湖和中山植物园中，游客的年龄越大，对解说设施种类的评价越高。这与表6-2 游客的年龄统计表一致，由于更多的老年游客会选择玄武湖进行休闲度假，因此比年轻的游客会更关注的解说设施的种类。

(4)对指标 C2-科学性评价的影响分析

表6-16 显示，游客的年龄、受教育程度以及月收入等特征与指标 C2-科学性的影响显著。

表 6-16　对指标 C2-科学性回归结果

科学性	南京中山陵	南京总统府	南京玄武湖	南京中山植物园
性别	-0.0537 (0.0757)	0.2645 (0.2106)	0.3087 (0.2500)	0.0065 (0.2187)
受教育程度	-0.1135 (0.1487)	0.2719 * (0.1552)	0.1400 (0.1923)	0.2009 (0.1748)
年龄	-0.0295 ** (0.0769)	-0.0260 (0.1059)	-0.0529 (0.0918)	0.2845 ** (0.1203)
月收入	-0.2334 (0.1155)	0.1337 (0.0891)	0.2047 (0.1717)	-0.2379 * (0.1400)
样本数	225	272	206	267

(注：*、** 和 *** 分别表示在 10%、5% 和 1% 的水平上显著)

在对南京总统府解说系统的评价中，受教育程度越高对解说信息的科学性打分越高，结合旅游景区解说系统的现状调查，表明总统府作为中国近代史遗址博物馆，其有别其他景区的历史图片展览、解说沙盘、实景展示等解说方式，使得解说信息的传递更直观，更可信，因此，受教育程度越高的游客对其解说信息的科学性评价性越高。

在对南京中山陵解说系统的评价中，年龄越大，对解说信息的科学性打分越低，结合表 6-4 游客的受教育程度统计，显示来中山陵参观的大多数游客受教育程度都在大专及本科以上，而目前以中山陵为代表性的人文历史景区中，解说员的讲解版本多样，杜撰成分较多，因此，游客对现阶段人文景区解说系统中提供解说信息的科学性评价不高。相反，在对中山植物园解说系统的评价中，年龄越大对解说信息的科学性的打分越高，证明在类似植物园之类的科普类景区内，解说信息比较科学、规范，加之随着年龄的增加，游客对植物资源的兴趣增加，因此对解说信息的科学性评价比较高。

在对植物园解说系统的评价中，游客的月收入越高对解说信息的科学性评价越低，结合表 6-11 游客的参观目的统计表，发现来中山植物园参观的游客中除了放松心情外，游客选择兴趣爱好、增进亲友感情的都高于其他 3 个景区，因此，对解说信息的科学性关注度不高。

(5) 对指标 C5-有吸引力评价的影响分析

表 6-17 显示，游客的月收入对指标 C5-有吸引力的影响显著。

表 6－17 对指标 C5-有吸引力回归结果

有吸引力	南京中山陵	南京总统府	南京玄武湖	南京中山植物园
性别	-0. 0648 （0. 0644）	0. 3103 （0. 1907）	0. 0553 （0. 2026）	0. 0051 （0. 2284）
受教育程度	-0. 1599 （0. 1266）	0. 2099 （0. 1405）	0. 0054 （0. 1558）	-0. 1338 （0. 1826）
年龄	-0. 0579 （0. 0655）	-0. 1391 （0. 0960）	0. 0437 （0. 0744）	-0. 1080 （0. 1257）
月收入	0. 2736 *** （0. 0983）	0. 2463 *** （0. 0807）	-0. 0310 （0. 1391）	0. 1483 （0. 1462）
样本数	225	272	206	267

（注：*、** 和 *** 分别表示在 10%、5% 和 1% 的水平上显著）

在对中山陵、总统府解说系统解说信息的吸引力评价中，发现月收入越高的游客对解说信息的吸引力评价越高，说明来人文历史旅游景区参观的游客，月收入越高，越关注旅游解说信息的编排是否能吸引游客，能否牢牢地抓住游客的注意力，能否激发游客的兴趣。

6.5 本章小结

本章将 5 章对 4 个景区解说系统评价调查的数据输入微机，运用 SPASS11. 0 统计软件对评价解说系统的游客特性进行描述性统计，并选取第 4 章制定的旅游解说系统评价指标框架中游客评价的 20 个指标为自变量，以游客的性别、受教育程度、年龄以及月收入 4 个特征指标为因变量进行多元回归分析，主要工作总结如下：

（1）游客的人口统计学特征。根据统计数据分析，来景区参观的游客中男性比例一般均略高于女性；年龄以 18 ~ 45 岁中青年为主；被调查的游客中，排在前面的职业是学生、企业管理人员以及公务员；被调查者的学历大都在本科及专科以上；来景区参观的游客收入集中在 1001 ~ 4000 之间，大多数是收入不高的群体；单身游客比较喜欢历史文化景区，已婚但小孩未成年的游客会举家前来风景迷人的自然景区休闲度假；被调查的游客中主要来自城市。

(2)游客的参观特征。被调查的游客中,除了玄武湖之外,其他3个景区的游客大多数是第1次来景区游览;主要和朋友、家人一起结伴同行,人数在3~6人之间;来景区参观的目的以放松心情为主,但同时也希望能增加亲友感情、达到学习和娱乐的目的;参观路线会根据景区的分布而有选择的进行;25%的游客会利用景区的解说设施,但更多的游客还没有利用现有解说设施的习惯,因此游览会出现有景点遗漏的现象。

(3)回归结果。5个指标比较显著受到个人特征的影响:游客的受教育程度、年龄和月收入对指标A3-丰富的景区知识的影响显著;游客的年龄对指标B1-设置与景观协调的影响显著;游客的年龄、月收入对指标B5-种类多样的影响显著;游客的年龄、受教育程度以及月收入等对指标C2-科学性的影响显著;游客的月收入对指标C5-有吸引力的影响显著。

第7章　旅游景区旅游解说系统的优化与改善

旅游景区旅游解说系统作为一种有效的管理手段，其功能的辅助性、服务的隐蔽性、对象的琐碎性、地位的从属性等原因，长期以来未引起我国旅游者和管理者的足够重视，致使旅游解说系统在旅游景区的管理中未能发挥应有的作用。本研究以南京中山陵、总统府、玄武湖和中山植物园为例进行了解说系统评价，通过调查与评价发现，现有的旅游解说系统基本上科学合理，一方面，在景区的向导式解说上，均对导游进行了科学解说的培训，另一方面，景区现有的自导式解说系统在加强景区保护与管理、帮助游客欣赏旅游景观、强化游客环保意识，促进景区可持续发展方面起到了一定的作用，但是仍存在不同程度的问题或不足，为充分发挥解说系统在景区管理中的作用，促进旅游景区的可持续发展，结合前面对景区解说系统的评价分析，建议从以下方面加以改善。

7.1　提升解说员的从业素养

7.1.1　加强专业知识的培训

调查显示，人员解说是游客最喜欢的解说媒介。景区解说人员是景区解说信息与解说受众连接的纽带，高质量的解说人员不仅能够带给游客高质量的旅游体验，而且还能增加游客的环境意识，促进旅游景区的可持续发展。由于不同景区的吸引物不同，解说员专业知识的培训要求也应有所区别，本研究认为对博物馆、历史建筑、纪念馆等人文景观的解说员应加强景点文化内涵的培训；而对森林公园、旅游度假区园、野生动物园等自然景区的解说员则更应注意强化景区生态知识的培训。

人文景观一般都较完整地保留了某一时代或几个时期的历史风貌，具有较高的历史价值。随着社会的发展，城市化进程的加快，历史人文资源的稀缺性日益凸显。人文景区解说内容的准备必须是在对人文景区文化资源深入调查和科学评价的基础上，进行准确定位，并根据游客的需求和偏好进行提炼加工，重点应放在景区的历史文化内涵，在创作解说词时，不能仅仅只作表面特征的描述，而要在深度上下工夫，选择一两个重要景点进行深度讲解。

自然旅游景区的解说员除了要求提供热情周到的景区解说外，必须更多地强化本景区生态知识的专业化培训。目前大多数自然景区解说员由于缺乏旅游的生态环境保护和教育功能的业务知识，所以很难向游客提供生态环境保护和教育的服务，而游客由于没有了解某些景观、野生动植物的珍稀性和脆弱性，也就不会产生保护的意识和行动，从而出现了一些偷盗、破坏野生植物等不文明现象，极大地影响了旅游景区的可持续发展。

7.1.2 开展个性化旅游解说

随着社会的发展，人们越来越喜欢张扬个性，个性化的旅游解说也备受旅游者的青睐。为了满足游客求新、求奇的旅游目的，提高解说效果，景区解说员在向游客介绍旅游环境时，可以选择一两个重点景点进行深度讲解，尝试性地增加一些体验项目，结合景区推出的时庆活动，设定一些特定的议题，让旅游者参与讨论，激发游客智慧，鼓励游客提问，提高旅游者的参与性，使旅游者乐在其中，提高其体验质量。

解说时一定要突出景观的个性和独特性，突出文化的差异性。可以针对不同专业背景的游客设计专业性解说和科普性解说，为不同年龄、性格的游客服务。一般专业性的解说内容比较系统深入，是旅游景区旅游资源深度开发的依托，科普性的解说随机提供性较强，解说内容相对浅显而广泛。

7.1.3 提倡景区解说专业化

目前，来旅游景区参观的很多团队游客都是由自己的全陪导游或者是地陪导游进行景区讲解，而很少依靠专业景区讲解员进行游览。由于各个导游讲解良莠不齐，加之空间限制、人员拥挤，讲解员与游客无法进行很好的互动与沟通，不能满足游客的个性需求。加上博物馆之类的景区内禁止使用手持小喇叭、麦克风等易对周围环境造成干扰的扩音器材进行导游和讲解服务，因此有许多游客由于人多拥挤、听不清讲解，不仅影响了景区旅游质量，而且对旅游景区的展示也是极其不利的。针对这样的情况，建议借鉴国外有些景点的做法，提倡景区讲解专业化，即游客到景区参观时统一由专业解说员讲解，从而既保证了讲解质量，又能更好地为中外游客提供了专业服务。

7.2 重视解说设施的实际应用

7.2.1 强调人性化设计

不同的解说服务对象对媒体的接受程度不一样，不同的媒体适合不同的解说内容。旅游景区解说设施的选择应考虑满足游客的精神需求，多采用室内和室外结合，如室内展示陈列采用真品实物并配以照片、图表和模型集中展示的方法因不受外界因素干扰，既方便了游客参观游览，又便于游客理解，且可以拓展游客思维，挖掘游客潜能；室外展示的标牌实地实景，随游线展示，让游客在休闲健身享受环境的同时获得知识，真正做到寓教于乐。

另外，解说系统的设计中，应充分考虑小孩、老年人和残疾人的旅游体验，解说牌的安置高度不应过高，解说区域应该设有供轮椅使用者停放轮椅的空间且道路平整。如南京中山植物园南园开设的盲人植物园（见图7－1），专门为盲人设计的盲道、盲人解说牌也体现了更多地人文关怀。

图7－1　南京中山植物园盲文解说牌

7.2.2 增强环境保护功能

目前，大多数景区解说设施的设计中存在诸多与生态保护相悖、或牌示式样和风格与景区主题和生态保护不协调的因素，加之解说人性化不强，造成游客心理上的不适，在很大程度上影响了游客的游览兴致。因此，应该加强旅游景区的解说设施的生态环境保护功能。

以本研究考察的南京中山植物园和玄武湖为例，中山植物园采用科普长廊教育、形象生动个性化解说牌（图7－2）就很值得其他旅游景区借鉴。另外，中山植物园的科普长廊通过18幅8大类有关植物、水果、蔬菜等科普知识的介绍，对游客也能起到很好的教育，建议南京玄武湖在免费开放的同时，应该增设相关教育设施，提高景区的教育服务功能。

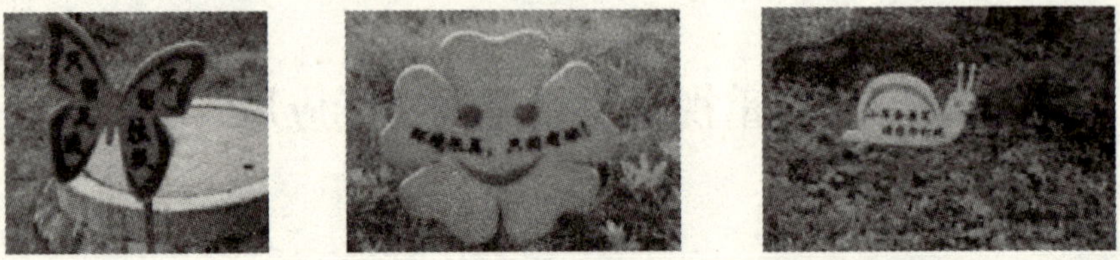

图7－2　南京中山植物园个性化解说牌

7.2.3　增设音像解说设施

据调查，目前旅游景区解说设施中音像设施的使用普遍缺少，一方面与景区的投入有关，另一方面，也与人们对音像解说设施的认识不够有关。旅游景区的解说往往是对某个历史事件的回忆与叙述，如果配以声音、文字、图片、影像来解说和传递，可以使游客深刻了解景点的历史文脉、资源特色、民俗风情，增加游览效果和兴趣。因此，建议景区内开设游客喜欢的定点解说、剧场解说、多媒体解说等解说技术，使游客有身临其境的感受，帮助游客深入了解人文历史解说资源。在游客中心或在景区重要位置放置大屏幕，向游客循环播放景区有代表性的景点图片，引导游客观看，增加游客的旅游乐趣，调动游客的主动性和积极性；通过广播播放景区的基本情况、游客须知、与景区相适应的背景音乐等，刺激游客的听觉，让游客有一种亲切感、归属感，提升景区的旅游形象。

7.2.4　强调与环境相协调

在调查中发现，目前许多景区的标识牌无论是材料、颜色，还是外形特点都存在与周围环境不相协调的现象。因此，建议根据景区的类型、特色以及环境特征选择标识牌，统筹安排，整体规划，统一设计，充分发挥标识牌的服务功能，尽显景区风貌。比如标识牌颜色的对比不能过于强烈；在文博院馆、历史遗迹等景区内,选用金属合金、玻璃等适合摆在室内的材料;在一些高科技含量高的景区内选用一些现代化的材料制作标识牌,才能与环境相和谐。

7.3 强化解说信息的使用价值

7.3.1 彰显景观文化价值

第6章对影响游客对解说信息的科学性评价因素中发现,当前旅游景区解说内容普遍存在虚构、杜撰、夸张等弊病,许多解说信息的来源经不起推敲考证,牵强附会,其真实性存在极大问题,在实际旅游活动中严重误导了游客。在旅游过程中,虽然游客是主动游览,但从旅游结果来看,游客属于被教育者,受活动和文化所教育和熏陶。通过旅游,游客了解景区文化,会产生对文化遗存的崇敬和尊重,自觉保护景观,宣传景区文化。对博物馆、历史建筑、文化景区感兴趣的游客多以增长知识为目的,更注重景观的历史文化价值,因此,解说信息应集科学性和趣味性于一体,力求科学准确,凸显景区历史文化价值。

7.3.2 内在文化外向化

每个景点都有自己的主题,解说的内容要围绕主题展开而不能偏离主题,通过讲解,向游客传达一种思想、一种认识,加深游客对该景点的了解,达到传达信息、教育、娱乐的目的。对于旅游景区这样一个历史文化景观客体,解说信息的提炼应着重将其景观、景点中的文化内涵挖掘出来,形成“内在文化外向化”的转换模式,用大众容易理解和领会的形式表现出来,使游客在旅游活动的开展中获得愉悦感。

7.3.3 提升解说信息吸引力

景区问卷调查表明,游客来自然景区的主要目的是放松心情、释放压力和增进亲友感情,是怀着“度假的心情”而来的,他们在景区最想度过的是一段愉快的时光,参与解说项目或解说活动不是他们到访的主要原因,因此,为激发游客的兴趣,景区解说信息的安排不能太烦琐或晦涩难懂,要求解说信息既短小又不枯燥，且能引起游客的兴趣。

研究表明，游客大约会记住他们所闻的10%、他们所读的30%、他们所见的50%、他们所为的90%。针对目前旅游景区旅游解说系统解说信息主要依赖文字，或过于简陋，或过于繁杂，不利于游客阅读；警戒忠告牌示用语强硬，造成游客心理上的不适应等问题，建议增加一些生动、有趣图片，以吸引游客主动放弃其他游憩活动观看景区解说信息，从而提高游客的存储信息。在信息的说明中尝试使用"找一找……"、"走进摸一摸……"、"看看你们能否发现……"之类的提示语，激发游客的兴趣、鼓励游客"自己来选择"他们认为好玩和有趣的学习机会，因此，景区旅游解说信息的编排就是要能吸引游客，同时还要能够牢牢抓住游客的注意力，达到有效沟通的目的。

7.4 规范景区解说系统的管理

目前，旅游解说系统仍处于初级发展阶段，表现为旅游景区的各类解说牌示文字、图形和语法结构人性化不强；多语种解说环节薄弱，外语语法和用词不当，交通标识路线混乱、不够醒目，图形应用不符合规范等；建议景区管理部门结合景区的实际情况，根据游客的需求，对景区解说系统加强管理。学习欧美等国的先进经验，建立规范的旅游解说法律、法规，实行依法行政。

7.4.1 建立专门管理机构

旅游解说系统不仅需要资金投入，还是一种令游客满意、可以带来经济利益和加强环境保护的手段。作为景区管理的主要执行者，旅游部门管理人员应充分认识旅游解说系统的作用，重视旅游解说系统的建设，明确解说系统在管理中的地位，必须提高对旅游解说系统重要性的认识，实现旅游解说系统的有效建设。加强队伍建设，建立专门的管理机构，负责管理、监督、协调工作，实现旅游解说设计的专业化和标准化，尤其要重视对解说员的培训和管理。

针对目前旅游景区解说员讲解不够准确、深入，过分专注景区的资源或环境本身，很少关注游客的观赏和学习需求的现状，建议邀请社会学、历史学、语言学、心理学专家或其他各行专家对现阶段的导游词进行修改,并用通俗易懂的语言表达出来,将成篇导游词进行试验性解说,并根据游客的反馈意见不断改进。通过系统的技能培训和专业培训,使解说员能够结合专业知识对不同层次的游客进行灵活讲解,并能针对性地回答游客提出的相关问题。

7.4.2 合理编排解说内容

旅游景区是旅游解说系统规划的重点。不同类型、不同等级的旅游景区解说系统的规划应结合景区开发现状,根据景区所在区域的发展规划,依照《旅游区(点)质量等级的划分与评定》相关要求,从为游客提供咨询服务、标识牌、宣传教育材料、讲解员、讲解词、公共信息图形符合的设置等要求进行。对景区吸引物全面深入研究的基础上,结合景区实际,构建旅游解说系统体系,合理设计适合该景区使用的解说系统展示方式,科学编排旅游景区旅游解说的具体内容。

例如,南京总统府就空间结构上来说,可划为中线、东线和西线三条游览线路,对于第一次参观总统府的游客来说是略微复杂的路线。不少游客都对于路线有着较大的疑惑,参照现行景区内的游览指示进行游览,还是会遗漏不少的景点,给游览带来遗憾。因此,建议设计多种游览方案,通过固定的展板近距离的呈现给游客,并且在游览过程中做到各个游览路线组合区别指示,供游客选择。如北方游客对于江南园林比较感兴趣,可以设计出从西线—中线—东线的游览线路。让游客先到西花园游览以太平湖为主体的园林建筑,领略江南园林的美景,再回到中线参观游览子超楼,最后再根据时间取舍东线的参观,从而满足游客的首要参观需求。

7.4.3 重视游客服务中心

当前,许多旅游景区的游客中心偏重于旅游集散、接待等功能,而忽略了作为全局性解说功能,部分景区甚至不设游客中心的解说设施,使得游客缺少对景区的全局性了解,直接影响了游客的旅游质量,因此,必须重视游客中心的建设。

第一,分级设置游客服务中心。由于一般旅游景区占地面积较大,有的还有好几个进出口,因此游客在景区游览的过程中,需要有专门人员给予指导和帮助。目前一般景区的游客中心设置在大门口，但游客使用频率不是很高，而中途需要帮助时，又找不到，因此，建议景区根据景点的布局及游客量的分布，适当增设二级或三级游客中心，发挥各次级游客中心的作用。如中山陵、玄武湖除了在大门设立了游客中心外，还根据游客的需要，在景区其他部分也分级设置游客服务中心，不仅便于景区管理，也极大地方便了游客的游览，而目前南京中山植物园还没有设置游客中心，且没有发放解说资料的地方，使得中山植物园的教育功能大打折扣，因此，南京中山植物园解说系统的优化中必须加强游客中心的建设。

第二，进一步完善游客中心。游客中心是为游客提供旅游信息咨询、游人集散、购物休闲等多功能服务的场所，是游客进入旅游景区的第一站点，也是景区对外管理的主要窗口，更是游客了解景区的窗口。为了将景区游客中心成为展示景区文化、形象的窗口，建议南京中山陵、总统府以及玄武湖景区在解说系统的提升中，必须突出游客中心主题设置，增强互动型解说产品，根据景区规模和游客情况，进一步完善游客中心的服务设施、增加服务功能，提高咨询服务人员的业务水平，在方便游客游览的同时，为旅游景区快速、健康、有序的发展提供保障。

7.4.4 加强景区网站开发

信息化发展的今天，为满足游客旅游选择的新奇性和教育功能，旅游景区必须充分利用景区网站这个平台，进行解说系统的提升。

景区网站不同于普通的展板、风光片，是集音、像、图、文多功能于一体的展示方式，不仅能为游客提供景区信息，还能与游客产生信息互动，进行信息交流。现阶段，旅游者在决定去旅游地之前，往往会通过网络查询食、住、行、游、购、娱等方面的信息，因此，旅游景区网站的设计必须关注游客的需求变化，要利用网站进行信息交流与反馈。

目前，无论是中山陵、总统府、玄武湖还是中山植物园，都开发了自己的网站，网页的设计都很精致，中山陵、总统府景区网站的虚拟旅游很吸引游客的眼球，玄武湖主要是用于居民休闲娱乐的，其网站的设计内容更重于便民、亲民，而植物园由于集科研和旅游为一体，其网站的设计更偏重于科普教育方面，这些都是现有的优势，但在游客的互动、旅游信息的交流上，均需改进。

另外，景物风景文化的展示必须随时间、季节及社会时代观念的变化而及时更新，最大限度地发挥景区解说系统的教育和环境保护功能。

7.5 增进解说受众的旅游体验

在旅游景区设立解说系统的主要目标是为年龄、兴趣爱好、体质及文化背景不同的游客提供导游和信息服务，增强游客对游览区的自然资源、文化景观和历史遗迹的了解，提高游客对自然历史发展演变过程的鉴赏能力，激励游客进行思考，培养游客的自豪感和保护自然文化遗产的紧迫感，促进游客对旅游资源价值的深入了解。通过解说，由于认识的提高，游客会主动保护景区的旅游资源，主动规范景区的游览行为，主动执行景区的经营管理条例。

7.5.1 激发游客对解说的理解

一个完善的旅游解说系统可以帮助游客了解旅游区的信息，增强游客对旅游区的空间识别感，帮助游客了解并欣赏旅游区的资源和价值，提高旅游愉悦度。项目组在做景区调查时，发现游客对旅游景区解说系统的认识普遍不够，认为到旅游景区就是游玩放松的，不需要有专人解说，对解说系统的构成要素较陌生，大部分游客不会正确使用景区解说设施，旅游中出现困难，也不会使用现有的解说设施，这些不仅影响了游客的总体旅游效果，也不能很好发挥旅游景区服务教育的功能。

因此，旅游景区应积极培养游客对旅游解说系统的理解与认同，合理规划解说设施，增加游客对景区性质和特征的了解，改变游客的态度和行为，从喜欢解说开始，理解旅游解说，接受旅游解说，从而最终真正欣赏旅游区的潜在价值，产生强烈的保护意识和情感联系。

7.5.2 提高游客对解说的参与

俗话说，"读万卷书不如行千里路"。旅游不仅可以使人心情愉悦，更是增长知识的好途径。解说受众是解说信息的接受者，现阶段，游客对互动型的讲解需求比较高。旅游景观中所蕴含的"隐形文化"通过景区旅游解说系统转化为"显性文化"传递给旅游者。为提高旅游者对旅游景区文化内涵的有效理解，提高体验质量，景区解说系统的规划中必须提高游客的参与性。

由于目前大部分景区大部分讲解员在解说过程中，只是在机械地背解说词，并不能让游客参与进来。因此建议解说员在解说的过程中，通过问答式、有奖问答等解说技巧增加与游客的互动，通过设定特定的议题，让旅游者参与讨论，提高游客的参与性。

调查表明，学生作为旅游景区的重要客源，景区解说中应根据现代学生的求知、求新、求奇的特点，更多考虑学生的旅游心理，设计解说词，以启发的形式将知识传递学生，引发学生的求知欲望，让学生全身心的参与到解说的过程中，提高解说效果，充分发挥景区的解说教育功能。

7.5.3 建立景区游客感知系统

旅游资源的保护与开发之间的矛盾主要表现在旅游活动会对景区造成破坏，在旅游活动中，由于游客道德约束弱化，一些游客的乱刻、乱采行为对文物造成了一定程度的破坏，游客乱扔废物、垃圾的现象造成了对景观的污染和破坏，对游客的解说教育方式不宜采用强制性的方式，只能通过各旅游环节加以引导，建立游客感知系统，有意识地设计对游客的教育信息，实施更多的旅游解说教育内容，引导游客进行高尚的旅游活动。

调查表明，景区的大部分游客受教育程度都比较高，采用教育和引导的方法，可以提高游客的认识，形成自觉保护的行为，引导游客进行高尚的旅游活动，景区在设计游客引导系统中，通过建立旅游警示标志，让游客明确景区游览的责任和行为规范，可以更好地保护景区旅游资源。

第8章 结论与展望

8.1 主要工作结论

本研究目的是构建旅游景区旅游解说系统评价体系及评估模型，评估旅游景区旅游解说系统是否给旅游者提供高质量的旅游体验、是否积极有助于景区的环境保护以及采取什么措施来提高旅游景区解说系统的管理。笔者首先对旅游解说理论和旅游解说系统研究进行了文献综述，提出了旅游解说系统评价指标，建立旅游景区旅游解说系统评价指标体系；采用层次分析法确定了指标的权重，根据《GB/T17775－2003 旅游区（点）质量等级的划分与评定》中涉及旅游解说系统的评定标准、专家咨询，建立了旅游景区解说系统认证标准，采用多目标线性加权函数法建立旅游景区旅游解说系统评估模型。最后采用旅游景区旅游解说系统评价指标体系，对南京中山陵景区、总统府景区、中山植物园和玄武湖景区进行了实证研究，并对游客对解说系统评价的影响因素进行了分析。本文得到的主要成果有以下几点：

（1）运用德尔菲法构建了旅游景区旅游解说系统评价指标体系，理论归纳了旅游景区旅游解说系统评价体系由解说员、解说设施、解说信息、景区管理和解说受众5个要素构成及相互关系。

本研究构建的旅游解说系统评价指标体系采用目标—准则—指标框架。目标为旅游景区旅游解说系统，准则包括解说员、解说设施、解说信息、景区管理和解说受众，共5个准则。解说员准则下包括热情服务、业务熟练、丰富的景区知识、能提供不同层次的解说、良好的解说技巧，共5个指标；解说设施准则下包括设置与景观协调、数量合理、人性化设计、多语言解说、种类齐全、使用方便，共6个指标；解说信息准则下包括功能全面、科学性、形象生动、简短清晰、有吸引力，共5个指标；景区管理准则下包括员工培训与管理、旅游景区网站、游客中心、解说系统适时更新，共4个指标；解说受众准则层下包括总体旅游感受、游客的重游意愿、增长知识、能顺利完成参观游览，共4个指标。

（2）运用层次分析法（AHP）确定了旅游解说系统评价指标体系权重。

在准则层中，解说员的权重最大、解说设施的权重仅次解说员，解说信息、景区管理有相同的权重，位于第三，解说受众的权重相对较小；在解说员准则中，良好的解说技巧和丰富的景区知识要比热情服务更为重要，业务熟练和能提供不同层次的解说有相同的权重；在解说设施准则中，使用方便最重要，其次是设置与景观协调，数量合理、人性化设计、种类齐全均比多语言解说重要；在解说信息准则中，信息的科学性是最重要的指标，简短清晰、有吸引力则又比形象生动、功能全面重要；在景区管理准则中，游客中心最重要，其次是旅游景区网站，解说系统适时更新比员工培训与管理重要；在解说受众准则中，总体旅游感受是最重要的指标，权重远高于其他指标，其次是能顺利完成参观游览，增长知识的权重相对较小。

（3）采用多目标线性加权函数法建立了旅游景区旅游解说系统的评估模型。

参照中华人民共和国国家标准、景区解说系统的最佳实践并整合了专家的意见，对指标体系进行了标准化处理，建立了旅游景区旅游解说系统评估标准。根据评价指标体系多层次的特点，采用多目标线性加权函数法建立旅游景区旅游解说系统评价模型：

$$S = \sum_{j=1}^{m} \left(\sum_{i=1}^{n} A_i B_i \right) C_j$$

式中：S 为总得分；A_i 为第 i 个单项指标的分值；B_i 为第 i 个单项指标的权重；C_j 为第 j 个准则层的权重；n 为指标个数，本模型取24；m 为准则层个数，本模型取5。

（4）制定了旅游景区旅游解说系统评价标准。

本研究将旅游景区旅游解说系统的评价标准划分为重建、提升、达标和优秀四个等级，并对旅游景区旅游解说系统的建设提出可操作的阶段性目标，制定了景区解说系统评价指标体系中的最佳实践持续改进标准，为那些得分不高的景区提供了激励和改进的途径，鼓励景区解说系统的持续改进。

标准的构建不仅给旅游景区管理者提供了解说系统建设的基本准则，同时还能按照这个准则对景区解说系统进行自评、完善和改进。

(5)实证研究评估了南京中山陵景区、总统府景区、玄武湖景区以及南京中山植物园景区解说系统，证明了模型的可操作性和应用性，通过评估发现了现阶段景区解说系统存在的问题并提出改进意见。

运用旅游景区旅游解说系统评估模型，计算南京中山陵的解说系统评价得分为0.7010，南京总统府景区旅游解说系统得分为0.6163，南京玄武湖景区旅游解说系统评价得分为0.6148，南京中山植物园的解说系统评价得分为0.4718，根据旅游景区旅游解说系统评价标准，中山陵景区解说系统、总统府景区旅游解说系统、南京玄武湖景区的旅游解说系统均达标，南京中山植物园解说系统需要提升。

(6)对影响游客对解说系统的评价因素进行了分析。

运用SPASS11.0统计软件对评价解说系统的游客特性进行描述性统计，总结了对景区评价的游客人口统计学特征和参观特征；并分别以旅游解说系统评价指标框架中游客评价的20个指标作为自变量，以游客的性别、受教育程度、年龄以及月收入4个特征指标为因变量，进行多元回归分析，对影响游客对解说系统评价的因素进行分析。

结果显示5个指标比较显著受到个人特征的影响：游客的受教育程度、年龄和月收入对指标A3-丰富的景区知识的影响显著；游客的年龄对指标B1-设置与景观协调的影响显著；游客的年龄、月收入对指标B5-种类多样的影响显著；游客的年龄、受教育程度以及月收入等对指标C2-科学性的影响显著；游客的月收入对指标C5-有吸引力的影响显著。

(7)结论和对策建议。

研究表明，现有的旅游解说系统基本上科学合理，一方面，在景区的向导式解说上，均对导游进行了科学解说的培训，另一方面，景区现有的自导式解说系统在加强景区保护与管理、帮助游客欣赏旅游景观、强化游客环保意识，促进景区可持续发展方面起到了一定的作用，但是仍存在不同程度的问题或不足，为充分发挥解说系统在景区管理中的作用，促进旅游景区的可持续发展，建议从提升解说员的业务素养、重视解说设施的实际应用、强化解说信息的使用价值、规范景区解说系统的管理、增进解说受众的旅游体验等方面加以改善。

8.2 主要创新点

本研究的创新点主要有以下几方面:

(1)在解说系统评价指标的筛选中,关注“景区管理”方面的指标,有别于现有的“解说受众、旅游解说对象、旅游解说”三要素组合和“解说员、受众、解说信息和解说设施”四要素框架。

本研究认为一个完善的旅游景区旅游解说系统应包含解说员、解说设施、解说信息、景区管理和解说受众等5个要素,这些要素相互作用、相互影响,构成了一个不可分割的系统,解说信息是吸引解说受众前来的基础,是整个解说系统的基石,解说员、解说设施则是连接解说信息和解说受众的桥梁和纽带,是解说系统的核心和本质,解说受众针对解说信息提供反馈评估,但无论是信息的传递还是信息的反馈评估,均离不开景区管理。

(2)在国内首次建立了旅游景区旅游解说系统评估模型。从旅游景区旅游解说系统评价的角度,首先对旅游解说评价方面的研究进行了总结,后结合专家咨询和景区访谈,运用层次分析法(AHP)确定了旅游解说系统评价指标体系中目标、准则和指标的权重,采用多目标线性加权函数法首次建立了旅游景区旅游解说系统评价模型,为国内其他学者对旅游景区旅游解说系统的实证评价研究提供了工具,也顺应了目前更多学者对旅游解说研究更加注重实证研究的趋势。

(3)尝试性地采用旅游景区旅游解说系统评价模型进行了实证研究。本文以理论研究与实证分析相结合的方法,采用南京中山陵景区、总统府景区、玄武湖景区和中山植物园景区的研究数据,运用旅游景区旅游解说系统评价指标体系,对南京中山陵景区、总统府景区、玄武湖景区以及中山植物园景区进行了旅游景区旅游解说系统的实证研究,并对影响游客评价解说系统的因素进行了分析,弥补了我国学者对旅游景区旅游解说系统的定量分析与实证研究的不足,对学术界对旅游解说系统评价的进一步研究有参考价值。

(4)挖掘了旅游解说系统在旅游景区的管理作用。旅游解说系统是旅游景区的一项重要管理工具,是旅游景区改善景区环境、提高游客满意度的一项重要营销工具,是旅游景区可持续发展的一种重要管理方式。

8.3 研究展望

论文的写作中,笔者对旅游解说的发展、旅游解说系统的评价进行了总结,建立了旅游景区旅游解说系统评价指标体系和评估模型,取得一些成果。在研究的过程和完成论文的同时,也发现本研究还有许多的不足和缺憾,更多的问题需要在以后的研究工作中进一步深入探讨。

8.3.1 本研究的不足之处

(1)问卷的标准化。本研究采用了大量的问卷调查,但对问卷的标准化处理仍存在问题,实际调查中,发现有些被调查者对问卷的一些表述有疑问,需要进行进一步的解释,部分被调查者甚至发现问卷不够完善,等等这些从某种程度上都影响了问卷的分析。

(2)专家的界定。本项目组专家的选择上主要邀请社会学、生态学、旅游管理、旅游规划、景区管理以及具有丰富旅游经历的相关人员参加,成员的涉及面较广,但对解说系统的研究深度不够,因此会影响研究的结果。

(3)在本研究中,由于旅游解说系统在国内还处于发展的初期,旅游景区由于观念、经济和技术条件的限制,加上对解说系统认识上的不足,景区解说系统的建设还很不成熟,因此在资料取得方面受到一定的限制。

(4)本研究中对景区的实地调查,由笔者亲自到景区进行访谈和现场观察,由于调查的复杂性以及工作量较大,关于某些内容的评价可能会存在一些主观上的偏差,从而影响调查资料的准确性。

8.3.2 进一步研究的展望

旅游解说系统的评价涉及众多的因素,建立旅游景区旅游解说系统评价指标体系及评估模型,是一项复杂且具有挑战性的工作,因此,笔者深深感到本研究还不够深入，不够全面，还有很多问题有待于进一步探索，希望在今后的研究中更加关注以下方面。

(1)指标的选择与完善

旅游景区解说系统评价指标逐步向“基于表现”与“基于过程”相结合方向发展，不能仅仅关注“过程”的指标，而应引入更多的测定景区解说系统实际表现的指标。指标选择应更加符合旅游景区自身业务经营的要求。在解说信息的选择、解说设施的选择、景区解说系统的更新方面需要得到进一步完善。

(2)标准的制定和完善

在整个旅游学科范围内，能够用来衡量旅游解说系统的最恰当的指标(indicators)还没有统一的意见。缺乏检测旅游解说系统的“基准标准”(benchmark)和临界值(threshold)。另外，评价标准的制定还存在一些困难。

(3)标准的持续提高

建立旅游解说系统评价标体系是非常重要的，但更关键的是如何提高认证标准。随着经济水平、科技水平、旅游者环境意识的不断提高，认证标准需要得到持续不断的修订，保证旅游景区和环境的可持续性。

(4)旅游解说系统评价指标体系的应用

如第一章本研究的实践价值和第二章文献综述所述，旅游解说评价指标体系可以为景区经营者、消费者等不同的主体提供分析方法和工具。同样的，由于论文篇幅和研究精力的限制，笔者没有对此展开进一步研究。今后可以利用本文的研究结果进行具体的应用研究。通过不同类型的景区的评价，来验证指标体系的公平、效力、效率、可信度和整合度。

附　　录

一、专家意见征询表(第一轮)

尊敬的专家:

您好!衷心地感谢您抽出宝贵的时间填写此表!

本研究从旅游景区管理的角度出发,旨在建立评估旅游景区旅游解说系统的指标体系,用以评价旅游景区旅游解说系统,请您按重要程度给指标打分,并回答有关问题。

1 分=不重要　3 分=不太重要　5 分=一般　7 分=重要　9 分=很重要

一、解说员	不重要 1	不太重要 3	一般 5	重要 7	很重要 9
1. 良好的解说技能和服务技巧					
2. 丰富的景区知识					
3. 热情服务					
4. 解说时间掌握适度					
5. 个性化讲解					
6. 态度亲切有礼					
7. 仪容整洁,身着制服					
8. 吐词清晰,发音准确					
9. 业务熟练					
10. 受过专业训练					
11. 持证上岗					

（续表）

二、解说设施	不重要 1	不太重要 3	一般 5	重要 7	很重要 9
12. 设置与景观环境协调					
13. 放置方式合理					
14. 数量合理					
15. 图文并茂					
16. 制作材料					
17. 具有传说故事解说牌					
18. 导游图清晰明了					
19. 操作容易					
20. 多媒体播放					
21. 电脑触摸屏					
22. 解说折页					
23. 解说折页容易取得					
24. 解说折页具有保存价值					
25. 解说折页携带方便					
26. 电子语音导览手机					
27. 电子语音导览手机租借方便					
28. 电子语音导览手机容易携带					

（续表）

三、解说信息	不重要 1	不太重要 3	一般 5	重要 7	很重要 9
29. 容易理解					
30. 语言创新					
31. 多样性					
32. 针对性					
33. 科学性					
34. 及时性					
35. 空间引导					
36. 景区服务信息					
37. 安全警示					
38. 教育提示					
39. 解说内容符合展示的主题					
四、景区管理	不重要 1	不太重要 3	一般 5	重要 7	很重要 9
40. 景区导游图与导游资料					
41. 旅游风光碟					
42. 旅游宣传手册					
43. 旅游景区网站					
44. 关于景区的科普读物					
45. 游客中心规模适度					
46. 咨询服务人员配备齐全					
47. 服务人员业务熟练					
48. 游客中心位置合理					
49. 解说系统适时更新					
50. 解说制度管理					
51. 员工管理					
52. 员工培训					

（续表）

五、解说受众	不重要 1	不太重要 3	一般 5	重要 7	很重要 9
53. 旅游总体感受					
54. 游客重游意愿					
55. 能使游客增长知识					
56. 能使游客顺利完成参观游览					
57. 能唤起游客的学习兴趣					
58. 让游客有愉快的参观体验					
59. 使游客从解说中受到启发					
60. 引发思考					

1. 您认为上表对这指标的分类是否合理？

口非常合理　　口基本合理　　口需进行适当调整　　口完全不合理

如存在不合理之处，您认为应该如何调整？

2. 您认为上表是否需要补充？

口需要　　口不需要

如果需要补充，您认为应该增加哪些指标？

再次衷心地向你表示感谢！

您的工作单位__________您的研究领域__________

二、专家意见征询表（第二轮）

尊敬的专家：

您好！感谢您抽出宝贵的时间再次填写此表！根据德尔菲法，我们将专家第一轮反馈的问卷做了统计处理，根据专家意见列出了新的指标体系，请您再次做出评判。

根据专家问卷统计结果，"专家意见集中度"大于6.0筛选如下（个别指标根据专家意见进行了修改），请根据重要程度，在表格里打分：

1分=不重要　3分=不太重要　5分=一般　7分=重要　9分=很重要

主题	指标	得分				
		不重要 1	不太重要 3	一般 5	重要 7	很重要 9
解说员	1. 热情服务					
	2. 业务熟练					
	3. 丰富的景区知识					
	4. 能提供不同层次的解说					
	5. 良好的服务技能					
	6. 善于沟通					
	7. 团队协作精神					

（续表）

主题	指标	得分				
		不重要 1	不太重要 3	一般 5	重要 7	很重要 9
解说设施	8. 设置与景观协调					
	9. 数量合理					
	10. 人性化设计					
	11. 多语言解说					
	12. 解说牌					
	13. 音像解说					
	14. 印刷物解说					
	15. 高科技解说产品					
	16. 使用方便					
解说信息	17. 全景解说					
	18. 空间引导					
	19. 安全警示					
	20. 教育提示					
	21. 景区服务					
	22. 科学性					
	23. 多样性					
	24. 形象生动					
	25. 简短、清晰					
	26. 有吸引力					

（续表）

主题	指标	得　分				
		不重要 1	不太重要 3	一般 5	重要 7	很重要 9
景区管理	27. 员工培训与管理					
	28. 旅游景区网站					
	29. 与社区沟通					
	30. 游客中心					
	31. 游客不文明行为处理					
	32. 解说系统适时更新					
	33. 解说信息反馈系统					
解说受众	34. 总体旅游感受					
	35. 游客的重游意愿					
	36. 增长知识					
	37. 能顺利完成参观游览					
	38. 有愉快的参观体验					
	39. 解说设施的使用率					
	40. 改变旅游的行为					

以上指标体系是否合理？

口 合理　　口 基本合理　　口 不合理

存在不合理之处，您认为应该如何调整？

再次衷心地向你表示感谢！

您的工作单位＿＿＿＿＿＿＿您的研究领域＿＿＿＿＿＿＿

三、专家意见征询表(第三轮)

尊敬的专家:

您好!感谢您抽出宝贵的时间再次填写此表!根据德尔菲法,我们将专家第二轮的问卷做了统计处理,根据专家意见列出了新的指标体系,请您再次做出评判。请结合各指标说明根据重要程度,在后面打分。

主题	指标	得分				
		不重要 1	不太重要 3	一般 5	重要 7	很重要 9
解说员	1. 热情服务					
	2. 业务熟练					
	3. 丰富的景区知识					
	4. 能提供不同层次的解说					
	5. 良好的解说技巧					
解说设施	6. 设置与景观协调					
	7. 数量合理					
	8. 人性化设计					
	9. 多语言解说					
	10. 种类多样					
	11. 使用方便					
解说信息	12. 功能全面					
	13. 科学性					
	14. 形象生动					
	15. 简短、清晰					
	16. 有吸引力					

（续表）

主题	指标	得　　分				
		不重要 1	不太重要 3	一般 5	重要 7	很重要 9
景区管理	17. 员工培训与管理					
	18. 旅游景区网站					
	19. 游客中心					
	20. 解说系统适时更新					
解说受众	21. 总体旅游感受					
	22. 游客的重游意愿					
	23. 增长知识					
	24. 能顺利完成参观游览					

以上指标体系是否合理?

口合理　　　口 基本合理　　口 不合理

存在不合理之处,您认为应该如何调整?

您的工作单位____________您的研究领域____________

再次衷心地向你表示感谢!

各项指标说明:

解说员

(1)热情服务:解说员热爱解说工作,主动热情为客人提供解说服务。

(2)业务熟练:主要指解说员熟悉解说服务流程,能否恰到好处的掌握解说时间、合理选择解说地点等。

(3)丰富的景区知识:指解说员对景区旅游资源的了解程度,拥有扎实的专业知识。

(4)能提供不同层次的解说:指解说员能根据游客的需求进行针对性的讲解;解说符合主题。

(5)良好的解说技巧:指解说员吐词清晰、发音准确,能与游客良好沟通、解说时能恰到好处地辅以恰当的肢体语言。

解说设施

(1)设置与景观协调:解说设施的制作材料、悬挂高度、摆放方式与周围景观相协调。

(2)数量合理:指景区解说设施的配置数量是否能满足游客需求,合乎服务需求。

(3)人性化设计:解说设施设置以人为本,如有无考虑残疾人通道、盲道;设施的高度应考虑儿童使用等。

(4)多语言解说:解说语言应考虑外国游客的需求,至少要包含 2 种以上语言。

(5)种类齐全:解说设施是否包括解说牌、解说手册、导游图、电子触摸屏等多种形式。

(6)使用方便:是否方便携带,标示是否清晰,能否帮助游客顺利完成游览等。

解说信息

(1)功能全面:景区提供的解说信息是否涵盖景区导览、服务指示、安全警示、教育提示等多种功能。

(2)科学性:景区信息是否准确,可信度高。

(3)形象生动:解说信息的表达是否生动。

(4)简短、清晰:解说信息的表述是否清晰、阅读是否简洁明了。

(5)有吸引力:解说信息能否吸引游客认真读下去。

景区管理

(1)员工培训与管理:景区是否对解说人员进行培训;是否重视解说人员的管理;有否专门的解说管理人员。

(2)旅游景区网站:景区是否设有自己的旅游网站;网站的内容是否全面。

(3)游客中心:景区是否设有游客中心;其服务设施的配备是否合乎标准;服务人员的配置是否合乎规范;位置是否合适。

(4)解说系统适时更新:解说系统是否有更新;更新的频率是多少。

解说受众

(1)总体旅游感受:游客对景区旅游的总体评价。

(2)游客的重游意愿:游客是否愿意再次来景区游览。

(3)增长知识:游览景区后游客是否有所收获。

(4)能顺利完成游览:解说系统对游客在景区游览是否有帮助。

四、专家意见咨询表(AHP)

尊敬的专家：

您好！经过三轮的专家问卷，确定了旅游景区旅游解说系统评价指标体系(见下表)。

目标	准则	指标
旅游景区旅游解说系统	解说员 A	A1. 热情服务
		A2. 业务熟练
		A3. 丰富的景区知识
		A4. 能提供不同层次的解说
		A5. 良好的解说技巧
	解说设施 B	B1. 设置与景观协调
		B2. 数量合理
		B3. 人性化设计
		B4. 多语言解说
		B5. 种类齐全
		B6. 使用方便
	解说信息 C	C1. 功能全面
		C2. 科学性
		C3. 形象生动
		C4. 简短、清晰
		C5. 有吸引力
	景区管理 D	D1. 员工培训与管理
		D2. 旅游景区网站
		D3. 游客中心
		D4. 解说系统适时更新
	解说受众 E	E1. 总体旅游感受
		E2. 游客的重游意愿
		E3. 增长知识
		E4. 能顺利完成参观游览

请参照上表的内容，对下表中的各小项目进行对比，并在恰当的地方画钩。

指标两两对比评价表

对比项目	绝对重要	相对重要	重要	比较重要	同等重要	比较重要	重要	相对重要	绝对重要	对比项目
准则										
解说员										解说设施
解说员										解说信息
解说员										景区管理
解说员										解说受众
解说设施										解说信息
解说设施										景区管理
解说设施										解说受众
解说信息										景区管理
解说信息										解说受众
景区管理										解说受众
A 解说员										
热情服务										业务熟练
热情服务										丰富的景区知识
热情服务										提供不同层次解说
热情服务										良好解说技巧
业务熟练										丰富的景区知识
业务熟练										提供不同层次解说
业务熟练										良好解说技巧
丰富的景区知识										提供不同层次解说
丰富的景区知识										良好解说技巧
提供不同层次解说										良好解说技巧

（续表）

对比项目	绝对重要	相对重要	重要	比较重要	同等重要	比较重要	重要	相对重要	绝对重要	对比项目
B 解说设施										
设置与景观协调										数量合理
设置与景观协调										人性化设计
设置与景观协调										多语言解说
设置与景观协调										种类齐全
设置与景观协调										使用方便
数量合理										人性化设计
数量合理										多语言解说
数量合理										种类齐全
数量合理										使用方便
人性化设计										多语言解说
人性化设计										种类齐全
人性化设计										使用方便
多语言解说										种类齐全
多语言解说										使用方便
种类齐全										使用方便
C 解说设施										
功能全面										科学性
功能全面										形象生动
功能全面										简短清晰
功能全面										有吸引力
科学性										形象生动
科学性										简短清晰
科学性										有吸引力
形象生动										简短清晰

（续表）

对比项目	绝对重要	相对重要	重要	比较重要	同等重要	比较重要	重要	相对重要	绝对重要	对比项目
形象生动										有吸引力
简短清晰										有吸引力
D 景区管理										
员工培训与管理										旅游景区网站
员工培训与管理										游客中心
员工培训与管理										解说系统适时更新
旅游景区网站										游客中心
旅游景区网站										解说系统适时更新
游客中心										解说系统适时更新
E 解说受众										
总体旅游感受										游客重游意愿
总体旅游感受										增长知识
总体旅游感受										能顺利完成游览
游客重游意愿										增长知识
游客重游意愿										能顺利完成游览
增长知识										能顺利完成游览

感谢您抽出宝贵的时间填写此表，祝您身体健康，万事如意！

五、判断矩阵

矩阵 1："准则"判断矩阵

	A	B	C	D	E
A	1	1/1	3/1	3/1	3/1
B	1/1	1	1/1	1/1	3/1
C	1/3	1/1	1	1/1	3/1
D	1/3	1/1	1/1	1	3/1
E	1/3	1/3	1/3	1/3	1

矩阵 2："解说员"判断矩阵

	A1	A2	A3	A4	A5
A1	1	1/1	1/3	1/1	1/1
A2	1/1	1	1/1	1/1	1/3
A3	3/1	1/1	1	1/1	1/1
A4	1/1	1/1	1/1	1	1/3
A5	1/1	3/1	1/1	3/1	1

矩阵 3："解说设施"判断矩阵

	B1	B2	B3	B4	B5	B6
B1	1	1/1	1/1	3/1	3/1	1/1
B2	1/1	1	1/1	3/1	1/1	1/1
B3	1/1	1/1	1	3/1	1/1	1/3
B4	1/3	1/3	1/3	1	1/1	1/3
B5	1/3	1/1	1/1	1/1	1	1/3
B6	1/1	1/1	3/1	3/1	3/1	1

矩阵 4:“解说信息”判断矩阵

	C1	C2	C3	C4	C5
C1	1	1/3	1/1	1/1	1/3
C2	3/1	1	3/1	31	3/1
C3	1/1	1/3	1	1/1	1/1
C4	1/1	1/3	1/1	1	3/1
C5	3/1	1/3	1/1	1/3	1

矩阵 5:“景区管理”判断矩阵

	D1	D2	D3	D4
D1	1	1/3	1/3	1/1
D2	3/1	1	1/1	1/1
D3	3/1	1/1	1	3/1
D4	1/1	1/1	1/3	1

矩阵 6:“解说受众”判断矩阵

	E1	E2	E3	E4
E1	1	3/1	3/1	3/1
E2	1/3	1	1/1	1/1
E3	1/3	1/1	1	1/3
E4	1/3	1/1	3/1	1

六、景区调查表

表1　旅游景区旅游解说系统现状调查

分类		名称及数量
游客中心 位置：	设施：	
	服务人员配备：	
标识牌	导游全景图	
	导览图	
	入口标志牌	
	景点名牌	
	景点解说牌	
	景观解说牌	
	服务指示牌	
	风光指示牌	
	宣传提示牌	
	安全提示牌	
	友情提示牌	
	防火警示牌	
	交通标识牌	
	道路标识牌	
公众信息资料	导游图	
	音像制品	
	游客须知	

表2 旅游景区标识牌统计表

表2－1 南京中山陵标识牌类型和数量统计

<table>
<tr><th>大类</th><th>合计</th><th>亚类</th><th>小类</th><th>数量</th><th>小计</th></tr>
<tr><td rowspan="5">吸引物解说</td><td rowspan="5">45</td><td rowspan="4">景点解说</td><td>导游全景图</td><td>2</td><td rowspan="4">23</td></tr>
<tr><td>入口标志图</td><td>4</td></tr>
<tr><td>景点名牌</td><td>10</td></tr>
<tr><td>景点解说牌</td><td>7</td></tr>
<tr><td colspan="2">景观解说牌</td><td>22</td><td>22</td></tr>
<tr><td rowspan="5">管理与服务设施解说</td><td rowspan="5">48</td><td colspan="2">服务指示牌</td><td>15</td><td rowspan="5">48</td></tr>
<tr><td colspan="2">宣传提示牌</td><td>21</td></tr>
<tr><td colspan="2">安全提示牌</td><td>1</td></tr>
<tr><td colspan="2">友情提示牌</td><td>5</td></tr>
<tr><td colspan="2">防火警示牌</td><td>6</td></tr>
<tr><td rowspan="2">道路交通</td><td rowspan="2">17</td><td colspan="2">交通标识牌</td><td>4</td><td rowspan="2">17</td></tr>
<tr><td colspan="2">道路标识牌</td><td>13</td></tr>
<tr><td>公众信息资料</td><td>5</td><td colspan="2">游客须知</td><td>5</td><td>5</td></tr>
</table>

表2－2 南京玄武湖标识牌类型和数量统计

<table>
<tr><th>大类</th><th>合计</th><th>亚类</th><th>小类</th><th>数量</th><th>小计</th></tr>
<tr><td rowspan="5">吸引物解说</td><td rowspan="5">54</td><td rowspan="4">景点解说</td><td>导览图</td><td>8</td><td rowspan="4">39</td></tr>
<tr><td>入口标志图</td><td>1</td></tr>
<tr><td>景点名牌</td><td>13</td></tr>
<tr><td>景点解说牌</td><td>17</td></tr>
<tr><td colspan="2">景观解说牌</td><td>15</td><td>15</td></tr>
</table>

（续表）

大类	合计	亚类	小类	数量	小计
管理与服务设施解说	30	服务指示牌		16	30
		宣传提示牌		10	
		安全提示牌		1	
		友情提示牌		3	
道路交通	27	交通标识牌		13	27
		道路标识牌		14	

表2-3　南京总统府标识牌类型和数量统计

大类	合计	亚类	小类	数量	小计
吸引物解说	225	景点解说	导游全景图	4	125
			导览图	2	
			入口标志图	2	
			景点名牌	25	
			景点解说牌	92	
		景观解说牌		100	100
管理与服务设施解说	157	服务指示牌		23	157
		宣传提示牌		40	
		安全提示牌		17	
		友情提示牌		45	
		防火警示牌		32	
道路交通	45	交通标识牌		45	45

表2-4　南京中山植物园(北园)标识牌类型和数量统计

<table>
<tr><th>大类</th><th>合计</th><th>亚类</th><th>小类</th><th>数量</th><th>小计</th></tr>
<tr><td rowspan="6">吸引物解说</td><td rowspan="6">313</td><td rowspan="5">景点解说</td><td>导游全景图</td><td>1</td><td rowspan="5">25</td></tr>
<tr><td>导览图</td><td>6</td></tr>
<tr><td>入口标志图</td><td>1</td></tr>
<tr><td>景点名牌</td><td>11</td></tr>
<tr><td>景点解说牌</td><td>6</td></tr>
<tr><td colspan="2">景观解说牌</td><td>288</td><td>288</td></tr>
<tr><td rowspan="2">管理与服务设施解说</td><td rowspan="2">6</td><td colspan="2">服务指示牌</td><td>4</td><td rowspan="2">6</td></tr>
<tr><td colspan="2">友情提示牌</td><td>2</td></tr>
<tr><td>道路交通</td><td>27</td><td colspan="2">道路标识牌</td><td>12</td><td>27</td></tr>
<tr><td>公共信息资料</td><td>2</td><td colspan="2">游客须知</td><td>2</td><td>2</td></tr>
</table>

（数据来源:根据实际调研整理）

表3　南京中山陵景区旅游解说系统评价问卷

尊敬的游客朋友：

您好！本问卷旨在研究南京中山陵景区旅游解说系统，以期为你提供更好的解说服务。衷心希望您能抽出宝贵时间，在能代表您意见的选项上打“√”，谢谢您的配合和帮助！

南京林业大学人文学院

第一部分　对南京中山陵景区旅游解说系统的评价

到南京中山陵景区参观时，您认为……

（差）实际体验（好）

解说员	非常差1	比较差3	一般5	比较好7	非常好9	没有使用0
热情服务						
业务熟练						
丰富的景区知识						
能提供不同层次的解说						
良好的解说技巧						
解说设施	非常差1	比较差3	一般5	比较好7	非常好9	没有使用0
设置与景观协调						
数量合理						
人性化设计						
多语言解说						
种类多样						
使用方便						
解说信息	非常差1	比较差3	一般5	比较好7	非常好9	没有使用0
功能全面						
科学性						
形象生动						
简短、清晰						

（续表）

解说员	非常差 1	比较差 3	一般 5	比较好 7	非常好 9	没有使用 0
有吸引力						
解说受众(游客)	非常差 1	比较差 3	一般 5	比较好 7	非常好 9	没有使用 0
总体旅游感受						
游客的重游意愿						
增长知识						
能顺利完成参观游览						

第二部分　参观行为

1. 您来过南京中山陵景区几次(含本次)

(1)1 次　　(2)2 次　　(3)3 次　　(4)3 次以上

2. 您今天和谁一起来参观

(1)自己一人　(2)家人　(3)朋友　(4)旅行社组织　(5)单位组织

3. 与您一起参观中山陵景区的人数(包括自己)

(1)1 人　(2)2 人　(3)3 ~ 6 人　(4)7 ~ 10 人　(5)11 人以上

4. 您前来南京中山陵景区参观的主要目的

(1)放松心情　(2)增广见闻　(3)打发时间

(4)兴趣爱好　(5)增进亲友感情　(6)工作需要

第三部分　个人基本情况

1. 您的性别：(1)男　(2)女

2. 您的教育程度：

(1)小学及以下　(2) 初中　(3)高中　(4)大专及本科　(5)硕士及以上

3. 您的年龄：

(1)18 ~ 25 岁　(2)26 ~ 35 岁　(3)36 ~ 45 岁　(4) 46 ~ 60 岁

(5)60 岁以上

4. 您的职业：

(1)工人　(2)农民　(3)军人　(4)学生　(5)服务业人员

(6)教师 (7)自由职业者 (8)行政管理人员(包括企事业管理人员)
(9)公务员 (10)文体工作者 (11)销售人员 (12)退休
(13)个体经营者

5. 您个人的月收入:

(1)1000元及以下 (2)1001~2500元 (3)2501~4000元
(4)4000元及以上

6. 您的家庭结构:

(1)单身 (2)已婚无小孩 (3)已婚但小孩未成年
(4)已婚但小孩已成年 (5)三代同堂

7. 您现在的住址在哪里(不包括宾馆和临时住地)

(1)城市 (2)郊区 (3)农村

衷心感谢您的合作和支持,祝万事如意!

表4 南京总统府景区旅游解说系统评价问卷

尊敬的游客朋友：

您好！本问卷旨在研究南京总统府景区旅游解说系统，以期为你提供更好的解说服务。衷心希望您能抽出宝贵时间，在能代表您意见的选项上打"√"，谢谢您的配合和帮助！

南京林业大学人文学院

第一部分 对南京总统府景区旅游解说系统的评价

到南京总统府景区参观时，您认为……

(差)实际体验(好)

解说员	非常差1	比较差3	一般5	比较好7	非常好9	没有使用0
热情服务						
业务熟练						
丰富的景区知识						
能提供不同层次的解说						
良好的解说技巧						
解说设施	非常差1	比较差3	一般5	比较好7	非常好9	没有使用0
设置与景观协调						
数量合理						
人性化设计						
多语言解说						
种类多样						
使用方便						
解说信息	非常差1	比较差3	一般5	比较好7	非常好9	没有使用0
功能全面						
科学性						
形象生动						
简短、清晰						

（续表）

解说员	非常差 1	比较差 3	一般 5	比较好 7	非常好 9	没有使用 0
有吸引力						
解说受众(游客)	非常差 1	比较差 3	一般 5	比较好 7	非常好 9	没有使用 0
总体旅游感受						
游客的重游意愿						
增长知识						
能顺利完成参观游览						

第二部分　参观行为

1. 您来过南京总统府景区几次(含本次)

(1)1 次　(2)2 次　(3)3 次　(4)3 次以上

2. 您今天和谁一起来参观

(1)自己一人　(2)家人　(3)朋友　(4)旅行社组织　(5)单位组织

3. 与您一起参观总统府景区的人数(包括自己)

(1)1 人　(2)2 人　(3)3 ~ 6 人　(4)7 ~ 10 人　(5)11 人以上

4. 您前来南京总统府景区参观的主要目的

(1)放松心情　(2)增广见闻　(3)打发时间　(4)兴趣爱好

(5)增进亲友感情　(6)工作需要

第三部分　个人基本情况

1. 您的性别：(1)男　(2)女

2. 您的教育程度：

(1)小学及以下　(2)初中　(3)高中　(4)大专及本科　(5)硕士及以上

3. 您的年龄：

(1)18 ~ 25 岁　(2)26 ~ 35 岁　(3)36 ~ 45 岁　(4) 46 ~ 60 岁

(5)60 岁以上

4. 您的职业：

(1)工人　(2)农民　(3)军人　(4)学生　(5)服务业人员

(6)教师　(7)自由职业者　(8)行政管理人员(包括企事业管理人员)

(9)公务员　(10)文体工作者　(11)销售人员　(12)退休

(13)个体经营者

5. 您个人的月收入:

(1)1000 元及以下　(2)1001 ~2500 元　(3)2501 ~4000 元

(4)4000 元及以上

6. 您的家庭结构:

(1)单身　(2)已婚无小孩　(3)已婚但小孩未成年

(4)已婚但小孩已成年　(5)三代同堂

7. 您现在的住址在哪里(不包括宾馆和临时住地)

(1)城市　(2)郊区　(3)农村

衷心感谢您的合作和支持,祝万事如意!

表5　南京玄武湖景区旅游解说系统评价问卷

尊敬的游客朋友：

您好！本问卷旨在研究南京玄武湖景区旅游解说系统，以期为你提供更好的解说服务。衷心希望您能抽出宝贵时间，在能代表您意见的选项上打“√”，谢谢您的配合和帮助！

南京林业大学人文学院

第一部分　对南京玄武湖景区旅游解说系统的评价

到南京玄武湖景区参观时，您认为……

（差）实际体验（好）

解说员	非常差 1	比较差 3	一般 5	比较好 7	非常好 9	没有使用 0
热情服务						
业务熟练						
丰富的景区知识						
能提供不同层次的解说						
良好的解说技巧						
解说设施	非常差 1	比较差 3	一般 5	比较好 7	非常好 9	没有使用 0
设置与景观协调						
数量合理						
人性化设计						
多语言解说						
种类多样						
使用方便						
解说信息	非常差 1	比较差 3	一般 5	比较好 7	非常好 9	没有使用 0
功能全面						
科学性						
形象生动						
简短、清晰						

（续表）

解说员	非常差 1	比较差 3	一般 5	比较好 7	非常好 9	没有使用 0
有吸引力						
解说受众(游客)	非常差 1	比较差 3	一般 5	比较好 7	非常好 9	没有使用 0
总体旅游感受						
游客的重游意愿						
增长知识						
能顺利完成参观游览						

第二部分　参观行为

1. 您来过南京中山植物园景区几次(含本次)

(1)1 次　(2)2 次　(3)3 次　(4)3 次以上

2. 您今天和谁一起来参观

(1)自己一人　(2)家人　(3)朋友　(4)旅行社组织　(5)单位组织

3. 与您一起参观南京中山植物园景区的人数(包括自己)

(1)1 人　(2)2 人　(3)3 ~ 6 人　(4)7 ~ 10 人　(5)11 人以上

4. 您前来南京中山植物园景区参观的主要目的

(1)放松心情　(2)增广见闻　(3)打发时间　(4)兴趣爱好

(5)增进亲友感情　(6)工作需要

第三部分　个人基本情况

1. 您的性别：(1)男　(2)女

2. 您的教育程度：

(1)小学及以下　(2)初中　(3)高中　(4)大专及本科

(5)硕士及以上

3. 您的年龄：

(1)18 ~ 25 岁　(2)26 ~ 35 岁　(3)36 ~ 45 岁　(4)46 ~ 60 岁

(5)60 岁以上

4. 您的职业：

(1)工人　(2)农民　(3)军人　(4)学生　(5)服务业人员

(6)教师　(7)自由职业者　(8)行政管理人员(包括企事业管理人员)

(9)公务员　(10)文体工作者　(11)销售人员　(12)退休

(13)个体经营者

5. 您个人的月收入:

(1)1000 元及以下　(2)1001 ~2500 元　(3)2501 ~4000 元

(4)4000 元及以上

6. 您的家庭结构:

(1)单身　(2)已婚无小孩　(3)已婚但小孩未成年

(4)已婚但小孩已成年　(5)三代同堂

7. 您现在的住址在哪里(不包括宾馆和临时住地)

(1)城市　(2)郊区　(3)农村

衷心感谢您的合作和支持,祝万事如意!

表6　南京中山植物园景区旅游解说系统评价问卷

尊敬的游客朋友：

您好！本问卷旨在研究南京中山植物园景区旅游解说系统，以期为你提供更好的解说服务。衷心希望您能抽出宝贵时间，在能代表您意见的选项上打“√”，谢谢您的配合和帮助！

南京林业大学人文学院

第一部分　对南京中山植物园景区旅游解说系统的评价

到南京中山植物园景区参观时，您认为……

（差）实际体验（好）

解说员	非常差1	比较差3	一般5	比较好7	非常好9	没有使用0
热情服务						
业务熟练						
丰富的景区知识						
能提供不同层次的解说						
良好的解说技巧						
解说设施	非常差1	比较差3	一般5	比较好7	非常好9	没有使用0
设置与景观协调						
数量合理						
人性化设计						
多语言解说						
种类多样						
使用方便						
解说信息	非常差1	比较差3	一般5	比较好7	非常好9	没有使用0
功能全面						
科学性						
形象生动						

（续表）

解说员	非常差1	比较差3	一般5	比较好7	非常好9	没有使用0
简短、清晰						
有吸引力						
解说受众(游客)	非常差1	比较差3	一般5	比较好7	非常好9	没有使用0
总体旅游感受						
游客的重游意愿						
增长知识						
能顺利完成参观游览						

第二部分　参观行为

1. 您来过南京中山植物园景区几次(含本次)

(1)1 次　(2)2 次　(3)3 次　(4)3 次以上

2. 您今天和谁一起来参观

(1)自己一人　(2)家人　(3)朋友　(4)旅行社组织　(5)单位组织

3. 与您一起参观南京中山植物园景区的人数(包括自己)

(1)1 人　(2)2 人　(3)3～6 人　(4)7～10 人　(5)11 人以上

4. 您前来南京中山植物园景区参观的主要目的

(1)放松心情　(2)增广见闻　(3)打发时间　(4)兴趣爱好

(5)增进亲友感情　(6)工作需要

第三部分　个人基本情况

1. 您的性别：(1)男　(2)女

2. 您的教育程度：

(1)小学及以下 (2)初中 (3)高中 (4)大专及本科 (5)硕士及以上

3. 您的年龄：

(1)18～25 岁　(2)26～35 岁　(3)36～45 岁　(4)46～60 岁

(5)60 岁以上

4. 您的职业：

(1)工人　(2)农民　(3)军人　(4)学生　(5)服务业人员

(6)教师 (7)自由职业者 (8)行政管理人员(包括企事业管理人员)

(9)公务员 (10)文体工作者 (11)销售人员 (12)退休

(13)个体经营者

5. 您个人的月收入:

(1)1000 元及以下 (2)1001 ~2500 元 (3)2501 ~4000 元

(4)4000 元及以上

6. 您的家庭结构:

(1)单身 (2)已婚无小孩 (3)已婚但小孩未成年

(4)已婚但小孩已成年 (5)三代同堂

7. 您现在的住址在哪里(不包括宾馆和临时住地)

(1)城市 (2)郊区 (3)农村

衷心感谢您的合作和支持,祝万事如意!

参考文献

[1] 邵琪伟. 金融危机对国际旅游服务贸易的影响及对策 . http://zhidao. baidu. com/question/93815038. html.

[2] 国家旅游局 . 2009 年中国旅游业统计公报.

[3] 2009—2012 年中国旅游业市场投资分析及前景预测报告 .

[4] 邵琪伟. 发展旅游业是应对国际金融危机的重要一翼[J]. 求是, 2009:16.

[5] 李天元. 旅游学(第二版)[M]. 北京:高等教育出版社,2002:30.

[6] 蔡继明. 建议带薪休假模式为旅游消费券+集体诉讼. 2009-03-09. http://www. chinahrd. net/zhi_sk/jt_page. asp? articleid=155640.

[7] 刘德谦. 2004—2006 年中国国内旅游发展趋势的分析与预测. 2006-04-06, http://www. china. com. cn/chinese/zhuanti/04-06travel/1176680. htm.

[8] 张立明,胡道华. 旅游景区旅游解说系统规划与设计[M]. 北京:中国旅游出版社,2006:11.

[9] 李天元 . 旅游学(第二版)[M]. 北京:高等教育出版社,2002:35.

[10] 潘秋玲,丁蕾. 后现代社会下的旅游新趋势[J]. 人文地理,2007(05):24-28.

[11] 彭德成,潘肖澎,周梅. 我国旅游资源和景区研究的十个前沿问题[J]. 旅游学刊,2003(6):55.

[12] 杨飙,杨桂华. 旅游者践踏对生态旅游景区土壤影响定量研究——以香格里拉碧塔海生态旅游景区为例[J]. 地理科学,2004(3):371-375.

[13] 刘年丰,姚瑞珍,刘锐,宋巍巍. 基于 EFA 的旅游景区生态承载力及可持续发展[J]. 环境科学与技术,2005(5):95-97.

[14] 郑向敏,冯潮华. 福建省旅游景区(点)经营权转让模式分析[J].

东南学术,2005(5):431-437.

[15] 蒋海萍,李经龙.我国旅游景区的管理体制探讨[J].特区经济,2009(9):140-141.

[16] 韩国圣,李辉.乌鲁木齐民俗旅游景区的可持续发展分析——以国际大巴扎旅游区为例[J].地域研究与开发,2008(6):71-74.

[17] Keith D. An incomplete history of interpretation from the Big Bang [J]. International Journal of Heritage Studies,2000,6(2):175-180.

[18] 吴必虎,高向平,邓冰.国内外环境解说研究综述[J].地理科学进展,2003(5):326-333.

[19] 钟永德,罗芬.国内外旅游解说研究进展综述[J].世界地理研究,2006(12):87-93.

[20] 张明珠,卢松,刘彭和,祝小迁.国内外旅游解说系统研究述评[J].旅游学刊,2008(1):91-96.

[21] Ham S H. A perspective on the evolution of interpretive research[Z]. Taiwan, U. S and Australia International Symposium on Environmental Interpretation and Ecotourism,2002.

[22] Elisabeth M H. Mojave Lands: Interpretive Planning and the National Preserve[M]. Johns Hopkins University Press,2003:253.

[23] Katherine N T. An evaluation of the effectiveness of interpretation within dartmoor national park in reaching the goals of sustainable tourism development [J]. Journal of Sustainable Tourism,2003,11(6):476-498.

[24] Shiuh-Nan Hwang, Chuan L, Huei-Ju Chen. The relationship among tourists'involvement, place attachment and interpretation satisfaction in Taiwan's national parks [J]. Tourism Management,2005,26(2):143-156.

[25] Veverka, J. A. The Language of Live Interpretation: Making Contact [J]. The Language of Live Interpretation. Jean Mare Blais. ed. Ottawa: The Canadian Museum of Civilization[M]. 1997.

[26] Cable, T. T. An analysis of social and economic benefits associated with an environmental interpretation program, Ph. D. dissertation, Purdue University,1984.

[27] Olson, E. C. Non-formal environmental education in natural resources

management: A case study in the use of interpretation as a management tool for a state nature preserve system, Ph. D. dissertation, The Ohio State University, 1983.

[28] Chris Ryan, Keith Dewar. Evaluating the communication process between interpreter and visitor [J]. Tourism Management, 1995, 16 (4): 295-303.

[29] Katherine N. Tubb. An Evaluation of the Effectiveness of Interpretation within Dart Moor National Park in Reaching the Goals of Sustainable Tourism Development [J]. Journal of Sustainable Tourism, 2003, (1196): 476-499.

[30] Elizabeth M. P. Madin, D. Mark Fention. Environmental interpretation in the Great Barrier Reef marine Reef marine park: an assessment of programmer effectiveness [J]. Journal of Sustainable Tourism, 2004, 12(2): 121-137.

[31] Doug Knapp, Elizabeth Barrie . Ecology Versus Issue Interpretation: The Analysis Of Two Different Messages[J]. Journal Of Interpretation Research, 1998, 3(1): 21-28.

[32] Susan K. Jacobson, Susan B. Marynowski. New Model for Ecosystem Management Interpretation: Target Audiences on Military Lands[J]. Journal of Interpretation Research, 1998, 3(1): 101-128.

[33] 崔会平. 杭州梅家坞茶文化村旅游解说系统调查与评价[J]. 中国农学通报, 2010, 26(13): 420-425.

[34] 钟泓, 李丰生, 马钦彦等. 基于游客视角的桂林旅游景区解说系统评价[J]. 旅游论坛, 2008(12): 347-352.

[35] 刘改芳, 张东燕. 文化遗产类旅游景区解说系统评价——以平遥古城为例[J]. 山西大学学报(哲学科学社会版), 2008(5): 96-100.

[36] 罗燕. 周庄古镇旅游解说系统实证研究[J]. 资源开发与市场, 2008, 24(8): 753-756.

[37] 丁素平. 基于游客需求的解说牌系统研究——以太白山国家森林公园为例[J]. 江西农业学报, 2008, (20)6: 148-151.

[38] 李天元, 旅游学(第二版)[M], 北京: 高等教育出版社, 2002: 174.

[39] T1lden, F. Interpreting our heritage[M]. Chapel Hill, NC: University of Vorth Carolin Press. 1957.

[40] 吴必虎, 金华, 张丽. 旅游解说系统的规划和管理[J]. 旅游学刊,

1999(1):44-46.

[41] 李丽娜,乌恩,凌生金.中国自然保护区旅游解说系统研究进展综述[J].河北林业科技,2008(8):38-41.

[42] 张立明,胡道华,旅游景区解说系统规划与设计[M],北京:中国旅游出版社,2006:21.

[43] 唐鸣謫.景区旅游解说系统的构建[J].旅游学刊,2006(1):64-68.

[44] 罗芬,钟永德等.黄山园内旅游解说类型与有效性分析[J].旅游科学,2005,19(5):76-77.

[45] 吴必虎.区域旅游规划原理[M].北京:中国旅游出版社,2001:443.

[46] 吴必虎.旅游解说系统的规划和管理[J].旅游学刊,1999(1):44-46.

[47] 丁素平.游客对平遥古城解说牌系统满意度研究[D].西安:陕西师范大学硕士论文,2009:13.

[48] 骈丽军.安阳殷墟遗址解说系统研究[D].上海:华东师范大学硕士论文:2009:15.

[49] 胡正荣.传播学总论[M].北京:中国传媒大学出版社,2005.

[50] Hammitt, W. E. A theoretical foundation for Tilden's interpretive principles[J]. Journal of Interpretation 1981,6(1):9-12.

[51] Ham, S. H. Cognitive psychology and interpretation: synthesis and application [J]. Journal of Interpretation 1983,8(1):11-27.

[52] Moscardo. G. Mindful visitor: Heritage and Tourism . Annals of Tourism Research. 1996,23(2):376-397.

[53] 刘纯著.旅游心理学[M].北京:高等教育出版社,2004.

[54] 屠如骥,赵普光,叶伯平等.现代旅游心理学[M].青岛:青岛出版社,1997:10.

[55] 章牧,吴克祥,何建伟等.大都市旅游标识系统旅游设计的理论与实践[C].第二届香港理工大学旅游论坛暨第三届中国旅游学会会议论文集,2005:12.

[56] 曹霞,吴承照.国外旅游目的地游客管理研究进展[J].人文地理,

2006(2):17-22.

[57] 周峰.旅游管理手册[M].北京:中国林业出版社,1988.

[58] 李燕琴.基于游客建议的自然保护区游客有效管理对策——以北京市百花山保护区为例[J].科技导报,2006(8):75-79.

[59] Anne Drost. Developing sustainable tourism for world heritage sites, Annals of Tourism Research[J]. 1996,23(2):479-492.

[60] 符全胜,盛昭瀚.中国文化自然遗产管理评价的指标体系初探[J].人文地理,2004(5):50-54.

[61] EAGLEPFJ.公园游客管理概念的演变[J].产业与环境(中文版),2002(3,4):65-67.

[62] 符全胜.旅游目的地游客满意理论研究综述[J].地理与地理信息科学,2005,21(5):94-98.

[63] 吴必虎,金华,张丽等.旅游解说系统研究——以北京为例[J].人文地理,1999(2):27-29.

[64] 李东和,卢松,赵玉宗.基于"以人为本"思想的城市游憩公园解说系统规划初探——以合肥市逍遥津公园为例[J].人文地理,2006(3):38-43.

[65] 王辉.锦州市旅游解说系统的构建[J].辽宁师范大学学报(社会科学版),2005(2):41-43.

[66] 朱伟霞.浅议旅游目的地解说系统[J].发展,2008(6):122-123.

[67] 冯淑华.古村落旅游解说系统探讨[J].商业研究,2005(8):164-166.

[68] 周可华.漂流旅游解说系统规划初探——以阳明山漂流为例[J].桂林旅游高等专科学校学报,2007(1):55-58.

[69] 罗芬,钟永德,付红军.SMRM模式在环境解说中的应用初探[J].桂林旅游高等专科学校学报,2005(10):38-41.

[70] 纪丽萍.浅析景区旅游解说系统的策划[J].四川林勘设计,2005(2):17-20.

[71] 张立明,胡道华著,旅游景区解说系统规划与设计[M],北京:中国旅游出版社,2006:12-13.

[72] 刘亮亮,袁书琪.遗产型城市游憩公园自导式解说系统规划初探

[J]. 资源开发与市场,2009(6):554-556.

[73] Becky Lacome. The Interpretive Equation [M]. 2003.

[74] 明庆忠,陈亚颦主编. 旅游解说系统的理论与实践[M]. 云南:云南大学出版社,2007(9):22.

[75] 明庆忠,陈亚颦主编. 旅游解说系统的理论与实践[M]. 云南:云南大学出版社,2007(9):31.

[76] 高兴. 青秀山风景名胜区旅游解说的调查与解说的IPA分析[D]. 广西:广西大学硕士学位论文,2008.

[77] 钟行明. 世界文化遗产地旅游解说系统研究[D]. 南京:东南大学硕士学位论文,2006.

[78] 张茜. 博物馆解说效果研究——以湖南省博物馆为例[D]. 湖南:湖南师范大学硕士学位论文,2009.

[79] 王露. 博物馆的休闲教育研究[J]. 东方文物,2007(1):124-128.

[80] 白鸥. 生态旅游认证指标体系与评估模型研究[D]. 浙江:浙江大学硕士学位论文.

[81] Awoniyi Stephen. The contemporary museum and leisure: recreation as a museum function[J]. Museum Management and Curatorship, 2001, 19(3): 297-308.

[82] Stephen Clews. From museum to mental massage a response to Tony Walter [J]. Tourism Management, 1996, 17(6): 401-403.

[83] Richard Prentice. Experiential Cultural Tourism: Museums & the marketing of the New Romanticism of evoked authentic city [J]. Museum Management and Curatorship, 2001, 19(1): 5-26.

[84] Beatriz Plaza. Guggenheim Museum's effectiveness to attract tourism [J]. Annals of Tourism Research, 2000, 27(4): 1055-1058.

[85] 刘俊. 博物馆游客行为研究——以广州南越王墓博物馆为例[J]. 桂林旅游高等专科学校学报,2005,16(2):40-44.

[86] 史萍. 上海博物馆客源市场研究[J]. 北京第二外国语学院学报,2002(13).

[87] Tony Walter. From museum to morgue. Electronic guides in Roman Bath[J]. Tourism Management, 1996, 17(4): 241-245.

[88] [英] 戴伦 · K. 蒂莫西,斯蒂芬 · E. 博伊德. 遗产旅游(Heritage Tourism). [M]程尽能主译. 北京:旅游教育出版社,2007.

[89] 戴昕,陆林,杨兴柱,王娟. 国外博物馆旅游研究进展及启示[J]. 旅游学刊,2007(3).

[90] 李琐. 我国博物馆旅游产品的开发现状及发展对策分析[J]. 人文地理,2004(4).

[91] Douchette, J. E. Cole, D. N. Wilderness visitor education: Information about alternative techniques [R]. 1993. Ogden, UT: USDA Forest Service Intermountain Research station.

[92] Ham, S. H. & Weiler, B. Interpretation as the centerpiece of sustainable tourism [R]. 2002 Taiwan, U. S, and Australia International Symposium on Environmental Interpretation and Ecotourism. 2002.

[93] Veverka, J. A. Why Heritage Sites Need Interpretation for their Long Term Survival [J]. the National Trust for Scotland Interpretation Seminar, Oct, 2000.

[94] 陶伟. 中国"世界遗产"的可持续旅游发展[M]. 北京:中国旅游出版社,2001:147-151.

[95] 吴必虎. 区域旅游规划原理[M]. 北京:中国旅游出版社,2001:445-449.

[96] 肖光明. 生态旅游中的导游问题[J]. 旅游科学,2004(1):48-51.

[97] 钟永德,罗芬. 旅游解说规划[M]. 北京:中国林业出版社,2008:8-10.

[98] 于玲. 自然保护区生态旅游可持续性评价指标研究[D]. 北京:北京林业大学博士学位论文,2006.

[99] HAM, S. H. Environmental interpretation[M]. North American Press, 1992:11-18.

[100] TOURISM QUEENSLAND. Innovation in Interpretation [R]. Brisbane, 2000:10-13.

[101] BROCHU, L. The 5-M Model for Successful Planning Projects [M]. Fort Collins, CO: Inter Press, 2003:44-50.

[102] 罗芬. 森林公园旅游解说规划技术研究[D]. 长沙:中南林业科技

大学硕士学位论文,2005:16-30.

[103] 唐鸣镝.风景区旅游解说系统初探——建立完善的风景区旅游解说系统[J].中国园林,2006,(1):54-58.

[104] 张立明,赵黎明.国家森林公园旅游解说系统的构建[J].西北农林科技大学学报,2006,6(2):88-92.

[105] 钟永德,方世敏,李丰生.旅游景区管理[M].长沙:湖南大学出版社,2005:176-185.

[106] HAM, S. H. Thematic Interpretation-Theory and Practice [M]. Lincoln Street Books, USA, 2008:15-28.

[107] Paul F. J. Eagles . Stephen F. Mc Cool and Christopher D. Haynes. Sustainable Tourism in Protected Areas. Guidelines for Planning and Management [R]. Prepared for the United Nations EnvironmentProgrammer, World Tourism Organization and IUCN- The World Conservation Union, 2002:108-111.

[108] Hood, Marilyn G. After 70 years of Audience Research, What have we learned-who comes to Museums, Why does not, and why [J] Victor Studies, 1995 (5):16-27.

[109] Joseph W. Roggenbuck. Proceedings- National Wilderness Research Conference: Issues , State- of- Knowledge, Future Directions [R]. General Technical Report INT-22Q, Ogden, UT: Intermountain Research Station, 1987: 204-244.

[110] Ian Keirle. Countryside Recreation Site Management A Marketing Approach[M]. Routtedge, 2002:182.

[111] Shiuh-Nan Hwang, Chuanl, Huei-Ju Chen. The relationship among tourists'involvement Place attachment and interpretation satisfaction in Taiwan's national parks[J]. Tourist Management, 2005, 26(2):143-156.

[112] Wu HC. Evaluation of interpretation: Effectiveness of The Interpretive Exhibition Centers in Taroko National Park, Taiwan [D]. Unpublished Doetoral Dissertation, StePhen F. Austin State University, Naeogdoehes, Texa, 1997: 30-40.

[113] 李明龙,戴光全.旅游资源的包装与景区景点的可持续发展[J].南昌职业技术师范学院学报,2000(3):75-78.

[114] 唐川. 台湾地区国家公园建设与发展[J]. 云南地理环境研究, 1999(2):16-23.

[115] 胡宏友. 台湾地区的国家公园景观区划与管理[J]. 云南地理环境研究,2001,13(3):53-59.

[116] 陶奎元. 台湾阳明山地景、保育与解说考察记——对建设国家地质公园的启示[J]. 火山地质与矿产,2001,22(4):300-306.

[117] 王民,陈晨,蔚东英. 环境解说的目的和目标之研究[J]. 环境教育,2005(7):17-19.

[118] 王辉. 旅游解说系统的设计探讨——以重庆缙云山为例[J]. 地域研究与开发,2004,23(1):56-58.

[119] 唐伽拉. 旅游解说系统规划初探——以浏阳道吾山引路松景区为例[J]. 旅游学刊,2003,18(3):14-17.

[120] 杨强,杨振之. 自导式解说系统设计要素研究——以邓小平故居景区为例[J]. 资源开发与市场,2004,20(3):227-228.

[121] 张静,颜磊,杨娟. 峨眉山生态旅游解说系统规划设计[J]. 乐山师范学院学报,2005,20(8):78-80.

[122] 俞益武,顾晓艳等. 旅游景区环境解说系统设计方法及个案讨论[J]. 浙江林学院学报 2005,22(5):572-576.

[123] 杨美霞. 张家界旅游解说系统现状分析及对策[J]. 大连民族学院学报,2006,8(4):123-125.

[124] 罗明春,陈晓馨. 漂流旅游解说系统规划初探——以阳明山漂流为例[J]. 桂林旅游高等专科学校学报,2007,15(1):55-58.

[125] 李如友. 生态旅游景区旅游解说系统规划研究——以河南云台山为例[J]. 焦作大学学报,2008(3):37-40.

[126] 梁莺莺,朱亮. 百花山自然保护区解说系统问题分析及对策[J]. 北京交通大学学报,2008(04):108-112.

[127] 王爱萍. 国家级风景名胜区解说系统研究——以泰山风景名胜区为例[D]. 重庆—西南大学硕士学位论文,2008.

[128] 沈宝辉. 解说牌在公园管理上的作用[J]. 广东园林,2005(4):28-29.

[129] 钟永德,罗芬. 旅游解说牌示规划设计方法与技术探讨[J]. 中南

林学院学报,2006,26(1):95-99.

[130] 张浩,俞益武等.旅游景区解说系统英译的现状与问题[J].北京第二外国语学院学报,2004(3):63-65.

[131] 郝臻.解说系统串联词的创作问题初探[J].桂林旅游高等专科学校学报,2006,17(2):160-163.

[132] 王淑芳,谷慧敏.景区英文解说系统的规划和管理[J].北京第二外国语学院学报,2006(3):76-81.

[133] 洪艳,陶伟.游客对解说媒体的需求研究[J].旅游学刊,2006,21(11):43-48.

[134] 黄平芳,朱美兰.红色旅游解说系统探讨[J].商业研究,2008(9):183-185.

[135] 潘百红,王燕.杭州西湖景区解说标识系统初步研究[J].福建林业科技,2006,33(4):195-200.

[136] 江宁,陈建明.从游客涉入角度对生态旅游景区解说系统满意度研究[J].桂林旅游高等专科学校学报,2006,17(5):585-587.

[137] 钟昌修.解说折页对国小儿童解说效果之研究——以台北市立动物园无尾熊馆为例[D].台湾:世新大学观光系,2002.

[138] 张诗.板桥林家花园解说效果的探讨[D].台湾:国立台湾大学园艺研究所,1997.

[139] 孟明浩,俞益武,顾晓艳等.旅游景区环境解说系统设计方法及个案探讨[J].浙江林学院学报,2005,22(5):572-576.

[140] 杨婷婷.解说折页效果之讨论[D].台湾:国立台湾大学园艺系,1996.

[141] 吴凤珠,林晏州.游客中心解说效果之评估[J].户外游憩研究,1995(7):31-47.

[142] 钱小梅,赵媛,夏梦.地质公园景区解说系统规划初探[J].河北师范大学学报(自然科学版),2006:236-239.

[143] 杨正泰,张帆.旅游景点景区开发与管理[M].福建:福建人民出版社,2000:129-136.

[144] 陶伟,洪艳,杜小芳.解说:缘起、研究内容和方法[J].人文地理,2009(5):101-105.

[145] 陶伟,杜小芳,洪艳.解说:一种重要的遗产保护策略[J].旅游学刊,2009(8):47-52.

[146] 陈淑宝.太鲁阁国家公园泰雅展示馆游客参观行为之研究[J].博物馆学季刊,2004,18(1):103-118.

[147] 唐彩玲,叶文.香格里拉普达措国家公园旅游解说系统构建探讨[J].桂林旅游高等专科学校学报,2007(12):828-831.

[148] 张润峰,孙桂茄."九一八"历史博物馆智能分区解说系统[J].房材与应用,2002(6):87-89.

[149] 孔旭红.场所依赖理论在博物馆旅游解说系统中的应用[J].软科学,2008,3,22(3):89-91.

[150] 辛儒.开发博物馆旅游解说经营管理服务功能[J].商场现代化,2008,3(1):135-136.

[151] 黄萍.试论如何提高专业性科技博物馆讲解员的解说水平[J].商业文化,2008(6):150-152.

[152] 曾申.游客对博物馆解说员解说服务满意度研究[D].浙江:浙江大学,2007:1-119.

[153] 吴忠宏,江宜珍.国立科学工艺博物馆观众参观动机与满意度之研究[J].科技博物,2003,7(1):35-59.

[154] 吴忠宏,黄宗成,蔡淑惠.国立自然科学博物馆解说成效之研究:以生命科学厅为例[J].环境教育学刊,2003(2):67-92.

[155] 张璟,杨媛媛.城市水上旅游解说系统初探——以黄浦江游览为例[J].生态经济,2009(02).

[156] 刘维君,李明.云蒙山国家森林公园生态旅游资源与市场评价研究[J].林业经济,1998(6):55-62.

[157] 何光炜,等.旅游规划工作纲要[C].北京:旅游教育出版,1997:621-649.

[158] 刘艳红.遗址旅游解说系统的构建[J].西北师范大学学报(自然科学版),2009(1):112-115.